李　纲

（1083—1140）

福建历史文化名人丛书
福建省社会科学界联合会 编

# 李纲

## 宋代抗金名将

黄益群 编著

海峡出版发行集团 THE STRAITS PUBLISHING & DISTRIBUTING GROUP | 福建人民出版社 FUJIAN PEOPLE'S PUBLISHING HOUSE

**图书在版编目（CIP）数据**

李纲：宋代抗金名将／黄益群编著. --福州：
福建人民出版社，2019.10（2020.11重印）
（福建历史文化名人丛书）
ISBN 978-7-211-08181-3

Ⅰ. ①李… Ⅱ. ①黄… Ⅲ. ①李纲（1083–1140）—
生平事迹 Ⅳ. ①K827=442

中国版本图书馆CIP数据核字（2019）第202578号

**李纲**
**LIGANG**
——宋代抗金名将

**作　　者：** 黄益群
**责任编辑：** 何水儿
**出版发行：** 福建人民出版社　　**电　　话：** 0591-87604366(发行部)
**网　　址：** http://www.fjpph.com　　**电子邮箱：** fjpph7211@126.com
**地　　址：** 福州市东水路76号　　**邮　　编：** 350001
**经　　销：** 福建新华发行（集团）有限责任公司
**印　　刷：** 福建省金盾彩色印刷有限公司
**地　　址：** 福州市金山浦上工业区D区24幢
**开　　本：** 700毫米×1000毫米 1/16
**印　　张：** 9.5
**字　　数：** 110千字
**版　　次：** 2019年10月第1版　　2020年11月第2次印刷
**书　　号：** ISBN 978-7-211-08181-3
**定　　价：** 25.00元

# 总 序

李 红

社会科学承载着“认识世界、传承文明、创新理论、咨政育人、服务社会”的重要功能，是人类赖以传承的精神支柱。近年来，福建省各级各部门认真贯彻《福建省社会科学普及条例》，社会科学普及工作扎实开展、稳步推进，通过举办全省社科普及宣传周、建立社科普及基地、开办社科普及讲坛等社科普及咨询平台载体，其制度化、常态化、大众化工作取得了明显成效。

习近平总书记指出，文化是民族生存和发展的重要力量，中华优秀传统文化已经成为中华民族的基因，植根在中国人内心，潜移默化地影响着中国人的思维方式和行为方式。福建文化是中华文化中极富特色的一部分，深度融入了中国文化的进程，展现出突破陈规、积极进取、兼容并包、锐意创新的胸襟和气魄。向大众传播福建优秀的历史文化知识，是福建省社科普及工作的重要内容。以接福建地气、讲福建故事、塑福建形象、续福建文脉的姿态编辑出版的“福建历史文化名人丛书”，既较为全面地展示了福建文化深厚的历史底蕴和丰富的人文精神，也为福建当下的社会文化建设提供了有益的资鉴。“福建历史文化名人丛书”所包含的朱熹、林则徐、严复、陈嘉庚等人物传记，记录了福建

文化之于中国历史的影响，同时也以人物史的叙述方式生动地展现出中国人文精神的风骨和传统文化的传承。

今天，我们提倡和弘扬社会主义核心价值观，必须从中华优秀传统文化中汲取丰富营养，否则就会缺乏生命力和影响力。“福建历史文化名人丛书”记录了福建历史文化人物的价值观践行轨迹，重温了这批福建历史文化乃至中国历史文化史上重要人物的生命历程，以浅显晓畅、通俗易懂的叙述方式讲述了中华优秀传统文化传承的当代意义，开辟了社会科学知识进入千家万户的新路子。

“最忆市桥灯火静，巷南巷北读书声。”一套好的社会科学普及丛书，总是能带动起读书的风气。将学习作为一种追求、爱好和健康的生活方式，也是“福建历史文化名人丛书”所期望实现的目标。在文字中领略福建地域文化魅力，在阅读中传承传统文化养分，在感悟中提升人文道德情操，社会科学普及丛书的出版，可谓正当其时。

（作者系福建省人民政府原副省长，福建省政协原副主席）

# 目 录

引　子/001

第一章　世家子弟/005

第二章　宦海沉浮/013

第三章　保卫东京/043

第四章　中兴之相/079

第五章　治理地方/105

第六章　闽中漫游/121

后　记/142

李綱紀念館

# 引　子

纲知有君父，而不知有身，知天下之安危，而不知身之有痼疾。虽以谗间窜斥，屡濒九死，而爱国爱君之志，终有不可夺者，可谓一世之伟人矣！

李纲像

李纲，字伯纪，号梁溪，谥忠定，祖籍福建邵武，世居江苏无锡。他是两宋之际重要的闽籍抗金名臣，集政治家、军事家、文学家于一身，是南宋高宗朝第一任宰相，具有一定的历史功绩和贡献。

北宋末南宋初，金兵进犯，社稷危亡，李纲关心大宋安危，力主抗金。他不顾个人荣辱安危，立朝守正，风节凛然，“捍大难于仓卒，定危疑于倾刻”。在政治上，他团结、激励和他一样具有强烈爱国情怀的抗金将士；在军事上，他亲临前线，指挥战斗，取得东京保卫战的胜利。宋室南渡，李纲抱着“中兴”的决心，扶助尚在风雨飘摇中的朝廷，内修政事，外攘夷狄，呕心沥血。

李纲的忠贞爱国之心却遭到钦宗、高宗的迫害和打击，屡次贬谪，弃之不用。宋理学家朱熹誉其为“一代伟人”：“以为使公之言用于宣和之初，则都城必无围迫之忧；用于靖康，则宗国必无颠覆之祸；用于建炎，则中原必不至于沦陷；用于绍兴，则旋轸旧京，汛扫陵庙，以复祖宗之宇，而卒报不共戴天之仇。”

李纲遭谗间窜斥，辗转流徙，多次来闽。在文学上，李纲与邓肃、陈渊、李弥逊、张元幹、程迈、孟庾等人酬唱，以自己高贵的政治人格与不屈的民族气节感染、影响这些爱国文人。他居闽期间，得八闽山水风情之助，创作丰富；在人生低谷，福建成了李纲游学、交友、反思的重要场所，他在福建的创作和活动，对爱国思想的传播，对诗歌创作的推动，对福建的历史与文化均产生了积极的影响。朱熹评：“其言正大明白而纤微曲折，究极事情，绝去雕饰而变化开阖，卓荦奇伟。”

李纲只是一个文臣，但他的正气与忠勇，成为大时代激流推出的英雄。李纲在那世风颓靡的时代造就下，成为一个让后人仰视和敬畏的完美之人。他卓尔不群、文韬武略、心怀天下，仕历宋徽、钦、高宗三朝。宋徽宗曾赞：辅助皇帝，捍贼守宗社有大功。宋高宗称其：学究天人，忠贯金石。朱熹赞其：纲知有君父，而不知有身，知天下之安危，而不知身之有痼疾。虽以谗间窜斥，屡濒九死，而爱国爱君之志，终有不可夺者，可谓一世之伟人矣！清咸丰帝诏谕：“以李纲从祀文庙”“敦崇风教”。林则徐颂曰：进退一身关社稷，英灵千古镇湖山。

# 第一章

# 世家子弟

李纲幼有大志，举动必合于规矩法度，“形神俱清，器识绝人”，随父任职南北，耳濡目染，学到诸多政治、军事知识，矢志为国效力。

## 生平家世

嘉靖版《邵武府志》卷一一《李忠定公世家》记载："李纲，字伯纪。邵武庆亲里人，其先来自光州固始，世居无锡。"《李纲行状》记载：李纲的先祖是唐太宗李世民的后裔，被派遣到建州任刺史，遂定居在邵武八龙乡庆亲里。《李忠定公世家》载：李纲五世祖、高祖（名无考）居住在邵武，"仕闽"，任尚书、司徒。杨时撰《李修撰墓志铭》记载：李纲的高祖父李待，"仕闽以武力显"，公元945年，南唐军队攻陷建州，王延政投降，闽国灭亡，李待便隐居乡野，携家眷定居邵武八龙乡庆亲里。曾祖父李僧护、祖父李庚也没出仕，但他们为人急公好义，施德于人而不为人所知，品行与道义为乡里人所敬重与师法。祖父李庚娶妻邵武资政殿大学士黄履的姐姐，庆历七年（1047年），黄氏生下一子李夔，即李纲的父亲。不久，黄氏病故，年幼的李夔因家计艰难，失学在家。

李纲的舅祖父黄履在嘉祐元年（1056年）始担任官职，累官至御史中丞。黄履荣归故里之际，看到外甥李夔聪慧颖悟，遂对其很是器重，且见他年幼失恃，甚是怜惜，于是就将他收养在身边，视同己出。李夔在黄履的悉心教养下，勤奋好学、博览群书，于元丰二年（1079年）高中进士，受职秀州华亭尉。正所谓，人生得意之事有金榜题名、洞房花烛，李夔娶秀州司理参军吴彦申的姐姐吴氏为妻，新婚夫妻，恩爱绸缪，情深意笃。

夫唱妻和，琴瑟相洽的日子是惬意的，如梭的光阴飞逝，很快来到了元丰六年（1083年），这一年，吴氏为李夔诞下第一子，李夔为其取名纲，对其寄予了深切厚望，希望儿子长而有为。

元祐二年（1087年），李夔调任福建松溪县尉兼主簿，吴氏带着尚在幼冲的李纲随夫赴任。吴氏出身书香门第，知书达理，十分疼爱李纲，她教导李纲识字、诵读，期望儿子长大后能光宗耀祖。当时，观文殿大学士吕惠卿知建州，他慧眼识才，很是赏识李夔的才能，对他的文才赞赏不已。李夔在松溪任职秩满，调任池州军事推官，李纲随母居家。

## 延州拒敌

在母亲吴氏的精心鞠育下，李纲茁壮成长，《李纲行状》记载："公形神俱清，器识绝人。"少年李纲清逸俊朗，相貌堂堂，有着不同寻常的器量与见识，见到他的亲朋故旧都认为李纲长大后一定会声名显于世。

宋代立国以来，"兴文教，抑武事"，崇尚文治。居住在今河北、内蒙古等地的契丹族立国为辽，党项族立国西夏，他们剽悍、尚武，迅速崛起，不断向宋发动战争，挑衅、寇边、勒索。宋王朝奉行"妥协、退让"政策，以白银、金器、绢、帛、茶等换取苟安，边境一度安宁。元祐（1086—1094）年间，西夏再度兴师犯境，朝廷急调大学士吕惠卿"帅鄜延"。为镇守延安、抗击西夏，吕惠卿向朝廷推荐李夔为"鄜延帅幕"，协助守边。绍圣三年（1096年），李纲已是翩翩美少年，为锻炼李纲的能力、开阔他的视野，李夔带李纲到任所。

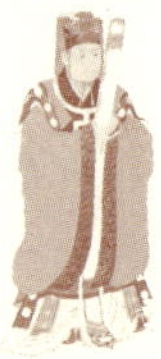

宋的西北边陲延安，是政治、军事重镇，西夏倾国入寇，号称百万，宋国人心惶悚。面对紧迫的军情，李夔一到任，就参与谋划军政事务，他冷静沉着，为吕帅陈述自己的方法与谋略。

有一天，李夔觑得闲暇，挑上两匹骏马，带着李纲寻访桥陵（今黄帝陵）而去。桥陵位于坊州（今陕西黄陵县）城北1000米处的桥山，是《史记》记载的唯一一座黄帝陵，是历代王朝举行国家大祭之地，保存着历代珍贵文物。走进气势雄伟的桥山，山上林木茂密，一望无垠，“黄帝手植柏”逾千年的光阴，这一切都让李纲惊叹不已。

当晚，父子夜宿民家，难得如此悠闲的时光，爷俩促膝而谈，上下千年、天南地北，直至疲极睡去。次日清晨，两匹快马往宜川疾驰而去，那是李夔带着儿子上壶口，了却李纲一观壶口瀑布的心愿。

一马平川的苍茫大地，但听得瀑布咆哮的声音：如同龙吟虎啸、万马奔腾，李纲急不可耐地想赶快见到瀑布。很快，响声越来越大，映入眼帘的是一道道从峡顶砸入深谷的瀑布，那狂傲不羁的黄河，突然涌入窄深的裂谷，苍山挟持，把浩渺的黄河水骤然收成一束，从悬崖顶上直劈而下，奔泻于十里龙槽。激起的水花，如烟、如雨，震耳欲聋，气势磅礴。腾空而起的水雾，弥漫了李纲的眼睛，如此壮观的场面是李纲第一次见到，他激动不已，不禁吟咏出李白“君不见黄河之水天上来，奔流到海不复回”的豪迈诗句。

李夔父子站在悬崖边，远望风雷般的瀑布在夕阳的照射下，悬挂起一条巨大的七色彩虹，犹如一座虹桥。晚风飒飒而起，掀动李夔父子的长裾飘飘，在风中肃立的李纲，不知他心底泛起怎样的涟漪?

在父亲忙碌之时，李纲除了攻读诗书，也会去观看兵士操练与布阵，参观都作院制造军械与火药。经过学习与磨砺，李纲觉得自己瞬间长大，不再是懵懂的少年，而是一位胸怀家国的有志儿郎。

宋边陲城镇，历来有个规定："边城被围，乘城者以日记功。"在城池被敌兵围困的时候，凡是敢登城陴的人，可以按日记功授奖。僚属的子弟们都登上城陴，期冀得到奖励，但李纲登城并不希望受奖，而是为了锻炼自己的胆识，他时常在城头巡视，无所畏惧，李纲的行为让不少纨绔子弟羞愧难当，时人称赞李纲"有经纶倜傥之志节"。

## 母丧丁忧

李夔因镇守边关、抗击西夏有功，迁为签书平江军节度判官厅公事，李纲随父南下。

事先得到消息的吴氏欢天喜地，带着孩子们站在府邸门前等候，远远的，李夔父子的车马缓缓而来。李纲早已按捺不住，快马前行，到母亲跟前，李纲倒头便拜，阔别几年，从稚嫩的少年到一表人才的男子，吴氏明显感觉到儿子长高了、壮实了，也更稳重了，她的眼圈禁不住红了。见到家人，李纲虽然兴奋，但依然恭敬地站在母亲身边，迎接父亲。一家人寒暄毕，迈进府门，弟弟李维、李经、李纶及妹妹则围着长兄，问长道短，兴致盎然。

短暂的相聚，道不尽的儿女深情，很快，李夔将往任上，吴氏刚得见爱子，又要分别，难免依依不舍。李纲温言劝慰母亲：要实现为国效力的抱负，就一定得刻苦攻读，参加应试，再者，平江与无锡近在咫尺，相见亦是易事。吴氏含泪点头，默默送别李夔父子。

平江府学给了李纲一个意外的惊喜，他邂逅了自己的“总角之交”李弥逊。没想到，那一夜的相遇，友情会在府学中再次延续，记忆遥远且模糊，但却莫名地亲切。

这天傍晚，李纲约上李弥逊叙旧。踏着斑驳的青石，他们走过石板桥，进入一家茶楼，选个靠窗的清静位置坐下，看河水静静地流淌，低吟浅唱那柔美而婉约的诗情。“没想到，我们居然会在这里再次相遇。”李纲感慨万千。

“是呀，那时我们都还很小，真是有缘千里来相会。”李弥逊的话把两人带进了回忆。

李纲从松溪回来后，与母亲居住在无锡，翌年中秋日，父亲从池州回乡，特地租了画舫一家游太湖。烟波浩瀚的太湖，在夕阳的余晖中流光溢彩。当皓月初升，天清如水，月明如镜，岸边灯火初起，闪烁不定，倒映湖中，幽邃魅惑。

在这样的中秋之夜，李夔一家在画舫内欢聚，别有一番惬意与温情。

当李纲一家游湖之时，巧遇李弥逊也与父母游湖赏月，李弥逊小李纲两岁，家住吴县。尚在童年时期的李纲与李弥逊，在严谨的家教中成长，难得有这样的契机尽情游玩，十分投契的他们就并船一起玩耍、放水灯。“总角之交，久而益亲”，这是李纲与李弥逊的友情写照。

建中靖国元年（1101年），李夔迁任太学博士，正准备入京任职，就接到家中信件，吴氏病重，急召李夔父子归家。

李纲心急如焚，他依依惜别挚友，迫不及待地赶回无锡家中。在母亲的病床边，李纲强忍悲痛，轻抚母亲的手背，温言软语地安慰。当天夜里，李纲衣不解带地照顾母亲，他隔着云幔，席地静坐，一旦听到母亲的声息，就立刻向前，嘘寒问暖，母亲有什么需要，就恭敬地用手捧着递给母亲。

不知道多少个日夜过去，母亲的病情不见好转，反而越发沉重，李纲忧心忡忡但却无计可施。终于，吴氏于正月初七撒手人寰。

母亲过世，李纲心如刀绞，他号哭不止，以至于身体愈发虚弱。回想起母亲手把手教自己认字、练字，为自己抄录经书，为自己答疑解惑，夜里为自己添衣加被，陪伴自己学习，李纲哀痛难以自禁。李纲沉浸在母丧的悲痛中难以自已，在为母亲守灵的同时，他手抄《妙法莲华经》，希望通过自己的虔心，为母亲积累功德，脱离苦厄。待到三月十八日母亲下葬之日，七卷《妙法莲华经》已被李纲用端正的小楷誊写完毕，“置于棺椁中”。

李纲在母亲的墓旁筑庐，他清心寡欲，为母丁忧，如同母亲生前陪伴自己。李纲不轻易离开母亲的墓茔，除了埋头攻读诗书，空闲的时间，李纲带上锄头，到附近山头转悠，回来之时，手上必带几棵松树。日复一日，年复一年，三年中，李纲在母亲的墓旁“手植松柏数十万”，颇有规模，煞是壮观。行走在松柏林中，鸟鸣阵阵，松风吹过，天籁盈耳。李纲的“处画规摹”，“他人莫拟”，他心思的细腻与对母亲的深情让朋辈感叹，他父亲的朋友们则说：“吾畏李君。”

# 第二章

# 宦海沉浮

进入仕途的李纲关心国家大事，直言敢谏，忠心耿耿，被贬沙县，成就了他一游武夷之夙愿；与沙县一批文化名人探讨学问、寻幽访古、诗词酬唱，留下千古佳话。

## 进入太学

宋徽宗崇宁三年（1104年），李纲随父入京，参加国子监生考试。赴太学就读之日，正是李纲风华正茂、血气方刚的年纪，他正朝着自己期冀的道路向前行进，怎能不思绪万千呢？

一路水陆兼程，船一过尉氏县，李纲远远就望见那高耸天际的汴京城楼，雄伟恢宏；进入东水门后，但见街市繁荣、行人摩肩接踵；酒肆茶楼林立、人声鼎沸。李纲触目所见是如此的美好，一股治国平天下的豪情油然而生。

李纲踏进太学的院门，但见嘉木繁茂、庭院深深，这里是全国学子无限向往的深造之地，典籍浩如烟海，学官也是朝中的佼佼者，“学行完懋”“经明学充”“行修乡里”。太学生经过考试合格，朝廷就可正式授官，所以人们也把太学叫作“储材之地”。

《清明上河图》中的汴京城门

学业精进的李纲“补国子监生第一”。这年，李纲完婚，娶了直龙图阁张根的长女为妻。张根，鄱阳人，赠左紫金光禄大夫，是黄履的女婿。这一桩亲上加亲的联姻，应该是李纲倾心所属的，婚后夫妻恩爱、浓情蜜意。自崇宁五年（1106年）起，夫人张氏接连为他生下3个儿子，即长子李仪之、次子宗之和三子集之。

宋徽宗贪图享乐、挥金如土，蔡京等奸佞之臣仰承意旨，投其所好，于崇宁四年建立应奉局，打着皇家的旗号，肆意搜刮、扰民，搜罗各种珍异之物，导致天怒人怨，国势日渐糜烂，江河日下。

宋朝立国之始，就重视、优待文人，太学生参政从神宗朝时已有端倪。北宋林希著《林氏野史》记载，苏颂之子苏嘉在太学时，曾针对变法撰文批判，惹恼了王安石，一批太学学官因此被罢免。宋胡仔《苕溪渔隐丛话·后集》卷三十五《本朝杂记上》引《上庠录》云宋神宗谓舒亶曰：“颇闻太学生好雌黄人物，虽执政官亦畏其口。何也？”太学自此多了“无官御史台”的名号。至南渡前，太学生更是经常组织茶会，互通消息，抨击时政，一大批铁骨铮铮的死谏之士应运而生。

李纲是精英教育熏陶出来的学子，坚信儒家道义。古来孔子讲“求仁”，孟子讲“民本”，可是眼前的景象，哪里有一点仁义和爱民可言？在太学，李纲与雍孝闻、陈朝老等志同道合，他们目睹奸臣弄权、朝政腐败，都义愤填膺，几个人经常聚在一起，免不了慷慨陈词、指斥时弊。

太学里每月、每年都有考试，作为择优的依凭。李纲不屑阿

谀奉承，最不喜写“喜见黄河清”“天下太平赋”“鹤瑞呈祥诗”等粉饰太平之文，这种不驯服与不配合，令学官们多少有点头痛。李纲在太学的几年光阴，是他仕宦生涯中的一个重要基石，锻造了他刚正不阿的为官品格。

大观二年（1108年），经李夔友人推荐，李纲出任真州司法参军，这是他走向社会、独立生活的开始。李纲任职真州4年，留心视察民情、接触百姓；他不仅涉猎了法令、典章等学识，更了解到官场中的一些秘事，认识到当权者的昏庸与腐败无能。

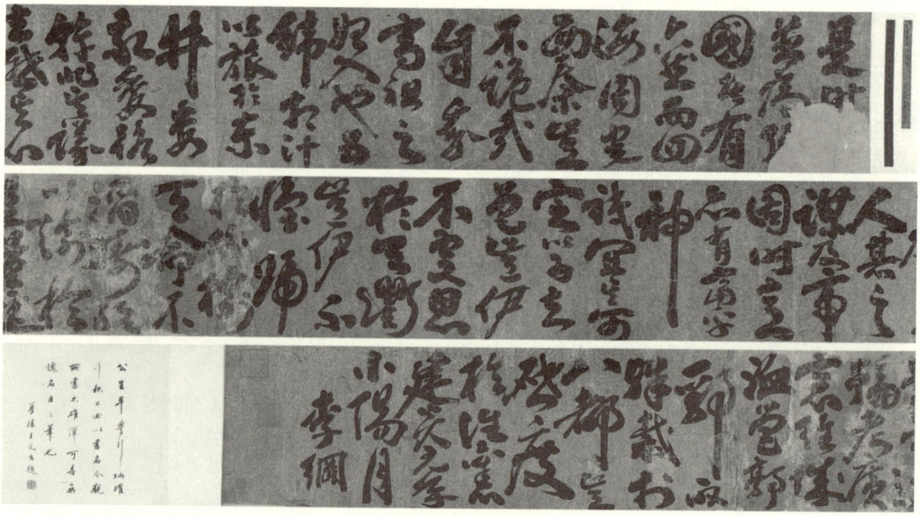

李纲行书

李纲任职真州期间，结识随父居住真州的吕本中，两人年龄相仿，有共同的政治抱负，很快就成了好朋友。大观四年，吕本中约上好友晁贯之、李纲一同寻访沈宗师，留下《同晁季一李天纪过沈宗师北庄因成长韵》一诗，“天纪”就是李纲改“伯纪”之前的字。

政和元年（1111年），李纲收到邵武的来信，邀约李纲回乡（李纲父亲李夔外家就在邵武）。来自故乡的邀请焉能拒绝？李纲爽快答应，很快就回到邵武。远远的，李纲就听到喧天的锣鼓声，当李纲的身影出现在父老的面前，大家兴高采烈地迎过来，一时间，热闹非凡。

李纲稍事休息，便被族长请去。原来，乡亲们置办了丰盛的酒宴，大家欢声笑语，推杯换盏，亲情浓浓。酒过三巡，族长率先开口，此次请李纲回乡是为了家乡丰应庙撰写碑文的事，黄履是李纲的舅祖父，李纲的妻子又是黄履的外孙女；李纲已经步入仕途，也算是光宗耀祖了，让李纲来为丰应庙作碑文再合适不过。撰写碑文，对太学生李纲来说不是一件难事，他再拜应允。

第二天，乡中耆老、士子陪伴李纲前往位于邵武水南石岐山下的丰应庙游览，丰应庙所祀主神为陆大岩，陆大岩为五代时泉州牧，道经邵武，发现石岐山下溪山灵秀，喜不自胜，遂定居，卒后亦葬石岐山下。《八闽通志》记载："两山互抱，势如龙蟠"，这里也算山清水秀、民风质朴，李纲才思敏捷，很快就落笔：

> 大观四年，邵武耆老与士夫之里居者，相率言于郡守曰："去城一里余，有庙曰石岐，载在祀典，祈祷屡应。愿以闻于朝，丐所以褒封答神贶者。"……其明年，改元政和，夏四月有敕，以"丰应"为庙额。乡人荷神之休，荣上之赐，求予文以记之，义不得辞……予既书其事，又作《迎享送神诗》遗乡人俾歌以祀焉，并刻之石。其词曰：石岐苍苍兮，樵水溶溶。溪山幽邃

兮，维神之宫。庇荫一方兮，实尸其功。克受明命兮，膺此褒封。神之来兮慰我思，乘回飙兮载灵旗。风肃然兮吹室帷，惟神之往兮将安适？帅百灵兮巡四域，求民瘼兮振厥职。朝出游兮暮来归，酒醴洁兮牲牢肥。箫鼓鸣兮清且悲，维神之乐兮毋我违。

一开篇，李纲就交代了自己撰写碑文的原因，接着说明陆大岩成为“丰应庙”主神的经过，赞誉陆大岩生为伟人，死后功利在民，“为民之所瞻仰”。文章以送神诗作结，歌颂神灵庇荫一方、造福百姓，希望神灵依然尽职尽责、关心民瘼，诗中描绘了百姓以牲牢祭奠、且歌且舞的场景。李纲对于神灵的殷切期望，何尝不是他心中为官就要为民谋福祉的祈愿？

政和二年（1112年），李纲启程赴京，中了乙科进士，发榜之日，“徽庙顾问再三”，刚开始，徽宗对李纲还是青睐有加的，问询了三次，还特旨升为甲等，授职相州州学教授，为了表示对他的眷顾，又易镇江，“以亲庭远”。镇江是江南著名的鱼米之乡，物阜民丰，在这里督学的两年，是李纲仕宦生涯中最为惬意的时光，他把家小接到身边奉养，其乐融融，有《谒告迎奉诗》为证：“山川富佳致，足以为亲娱。”

两年后，李纲奉命进京，迁任“国子正”（国子监的职员）；同年十二月，授职尚书考功员外郎；政和五年迁为监察御史兼殿中侍御史，负责弹劾与建言，监察百官朝会失仪事。有一天，李纲与父亲同一天被徽宗召见，徽宗注视李纲良久，慨叹道：“你父子同日赴朝，是士大夫的荣耀啊！”

正直的李纲任职刚一个月，看到朝野上下官风不正，不学无术者依靠裙带关系不以为耻、嚣张跋扈，他深感不满，直言抨击内侍外派、执持符节、作威作福，批评宰相喜欢任用从官。李纲在政坛上初试啼声，一下子就得罪当朝权贵，被“罢言职”，降为尚书比部员外郎。



## 直言论政

政和六年（1116年），李纲转承事郎；七年，差充礼部贡院参详官；政和八年五月除太常少卿，八月除起居郎，十二月，差兼国史编修官，入职崇文院。

崇文院典籍众多、史料丰富，李纲入职崇文院，真是适得其所，他勤奋好学，刻苦钻研、以史为鉴，以求实现自己的抱负。按照规定，馆阁中每天晚上要留一位官员值夜班，以防图书被盗，但很多官员都不愿意“直宿”，便在请假簿上写“腹肚不安，免宿”，这是崇文院相沿成习的借口。每逢同僚不

崇文院，是宋代收藏图书的官署，宋建立后，以汴京的昭文馆、史馆、集贤院为三馆，称为西馆；太平兴国三年（978年），建三馆书院，赐名“崇文院”，把三馆珍藏的图书迁藏于此；端拱元年（988年），就崇文院中堂建秘阁，收藏从各地书库精选的善本与珍贵书画；仁宗朝时，以馆藏图书，编著《崇文总目》一书；徽宗时，广征天下珍本，崇文院藏书多达6705部、73877卷，盛极一时。

能“直宿”，李纲便自告奋勇，那浩瀚如海的典籍，花费一生的光阴都读不完，为什么要浪费这样难得的“近水楼台”机会呢？

崇文院内，荧荧的烛光下，李纲如饥似渴地阅读国朝史料：宋辽争战，最终形成对峙；西夏趁机崛起，既向辽称臣纳贡，又接受国朝封授，时叛时和。国朝外有强敌环伺；内有冗兵、冗官、冗费尾大不掉；每年给予辽、西夏的岁币已是重负，朝廷又侈靡挥霍，国家财政岌岌可危。至本朝，财政支出更是成倍增长。看到这些，李纲忧心忡忡，若没人发出振聋发聩的声音，恐国将不国！

徽宗长于艺术，喜欢写字画画、品玩古器花石，但最初的奢侈享受尚有所克制。有一次，徽宗“尝大宴，出玉盏、玉卮示辅臣”，以为太过奢华：“这些我珍藏了很久，但不敢轻易使用，怕被朝臣议论太过奢靡。”阿谀之臣蔡京却说：“不怕朝臣多言，皇帝就要享受天下最好的。”他又引经据典，用“丰亨豫大”怂恿徽宗，劝徽宗尽情享乐，不必拘泥于世俗之理。蔡京的儿子蔡攸也向徽宗灌输人生应当及时行乐的思想，说：“皇帝富有四海，人生能有多少年，何必苦自己。”有了这帮佞臣的推波助澜，宋徽宗更是挥金如土。

徽宗的喜好若是普通人也仅仅是附庸风雅罢了，但对于一个帝王来说，这种个人爱好便成了关系到国家兴亡、民族命运的大事了。徽宗起建专供祭祀的“明堂”，此工程规模宏大，每天用万名工匠服役；以二十万斤铜铸造九个大鼎，饰上黄金，安放于九座大殿之中。徽宗又令童贯等五人在皇宫附近建延福宫，他们各自统领工匠，分别营建，互不沿袭，于是“争相以奢侈华丽来夸耀、推崇”。

在开凿的人工河景龙江边堆建高达九十多尺的“艮岳”，也就是人造假山。假山需要用奇石和珍稀花木来装点，徽宗在苏、杭设置应奉局，专事在东南江浙一带搜罗奇花、异石和竹木，山上又建造亭、馆、楼、台，穷奢极丽。这些花石物色好了后，经水路千里迢迢运往京城，十船一组，称作一“纲”，这就是“花石纲”名称的由来。同时，又置御前生活所、营缮所等机构，专供朝廷、皇室享乐。崇宁元年（1102年），在苏、杭设置造作局，每天役使几千名工匠，为皇室造作牙角、金玉、竹藤、织绣等各种奢侈品，所用的原料，向当地民间征敛。

花石纲“在州县流传有害的影响达20年”，百姓被破屋坏墙、践田毁墓；为保障“花石纲”的运输，连漕运都要为之让路，漕船、商船都被强征；运输费由百姓承担，丁夫从百姓中征调。

李纲心绪难平，思如泉涌，他落笔写下《理财以义札子》：“邦用之所以匮，我知之矣。”徽宗重用蔡京、王黼、童贯、朱勔、高俅等人，大肆搜刮民脂民膏，恐激起民愤，遂豢养大批军队。禁军从宋初的19.3万人，增至125.9万人。用于养官、养兵的费用，比宋初每年支出的150万缗钱增加了10倍。

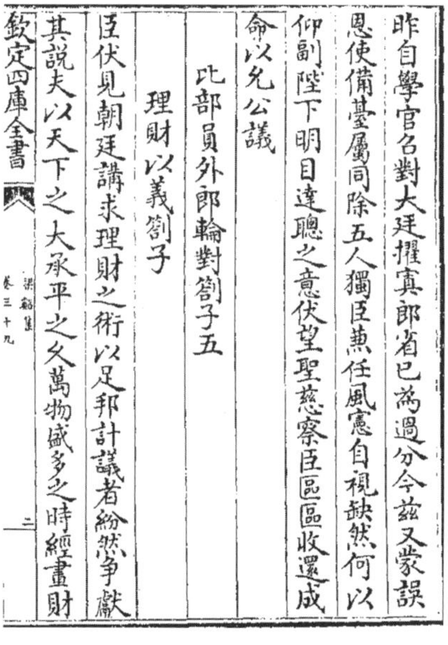
昨自學官名對大廷擢寘郎省已為過分今茲又蒙誤
恩使備臺屬同除五人獨臣忝任風憲自視缺然何以
仰副陛下明目達聰之意伏望聖慈察臣區區收還成
命以允公議
比部員外郎輪對劄子五
理財以義劄子
臣伏見朝廷講求理財之術以足邦計議者紛然爭獻
其說夫以天下之大承平之久萬物盛多之時經畫財
欽定四庫全書 梁谿集 卷三十九 二

《理财以义札子》

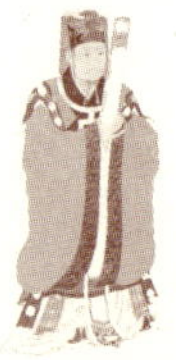

从“科举取士”发展到“恩荫”，凡是贵族、宗室和官僚的子孙、亲属、姻亲甚至门客，均以恩荫授官“入粟免试注官”。朝廷上下公然卖官鬻爵，上行下效，买官卖官是那么随意，不用询问来历，只要臭味相投，三言两语就立即授予官职，从朝廷至州县，官吏人数，急遽增加。

“爵禄滥，而冗食多”，导致国朝“财用之不足者”，徽宗不仅不解除大量的耗费，还反其道而行之，加大对百姓横征暴敛。崇宁元年（1102年），恢复旧时的榷茶法，禁止私人贩茶，设官场专卖；崇宁四年，罢官场，许商人向园户买茶贩卖，由官府抽税后批给“茶引”。朝廷每年的茶税，从原来的33万余贯增加到400余万贯，其中100万贯专供“御用”。随之又改钞盐法，由商人先向朝廷出钱买盐钞，盐钞屡次变易，朝廷获利，大小商人亏损，最终转嫁给老百姓。同时，任用宦官杨戬设立“西城括田所”，在各地“括公田”达3万多顷。肆意盘剥，只为纵情享乐，徽宗与一帮宠臣们经常大摆宴席，表演各种乐舞、百戏、杂剧，层出不穷；为宠络亲信，徽宗动辄赏赐豪宅华第。醉生梦死的背后是“虚国罢民之本”。

面对这诸多弊端，李纲大声疾呼，万不可仿效秦二世胡亥，对老百姓“收大半之赋”，而应该学习汉文帝，过着“恭俭”生活，减少租税，松缓民众的人力、财力、物力。他提出“仁以财施，财以义制”的主张，“仁”是为政的基础，但若没有财来吸引人，也只是善良有余而为政不足；“财”可以聚人，但若没有“义”来作为引导，这种聚人之术很容易走入歧途。在李纲眼里，“理财以义为主”是一个很重要的原则。

李纲提出“可以民不加赋，而国用足”的政策：他希望徽宗要有理财观念，亲自掌握国家每年赋税收入数额，并指出徽宗应对各种赏赐、游玩的费用，官员的俸禄、祭祀的花费、宾客军旅的调度，河防、边计、修缮，征用民力、车夫，用在水涝和干旱上的钱财等都要控制在一定的数额之内，量力而出。朝廷要裁减冗官，管控入仕的渠道，严格科举取士的制度，禁止荫封泛滥，废除“入粟免试注官”。李纲说道：耗费损害国家财政的原因有五个，一曰营缮、二曰花石、三曰制造、四曰力役、五曰赐予，这些都是靡费国家财力，应该裁罢。

李纲立足于减轻民众的负担，从其他途径解决国家财政的问题。他认为把富国的目标建立在苛刻盘剥百姓的基础上，是伤民害民之举。盐、茶之物是天地所生，山和海有取之不尽、用之不竭的财富，“煮海、采山、铸钱”，可使国家富裕。李纲希望徽宗拟定政策，垦拓荒山，种植茶叶，增加国家财税收入。

李纲的理财论多少切中时弊，他的见解和措施亦有可行之处，但他职微言轻，是不会引起当权者的注意的。

宣和元年（1119年），李纲任同知共举。是年六月，中原暴雨如注，黄河泛滥，东京被围困在高达十余丈的洪浪中，从西北牟驼冈连万胜门外马监，民居都被淹没，城南居民的冢墓也被浸泡在洪水中，田地、庄稼更是无一幸免。

如此大的洪灾在宋代开封属首次，除了损失惨重，更令开封百姓人心惶惶的是，当时有一个“龙复仇”传言在民间蔓延，恐怖的气氛布满东京，徽宗却派林灵素以“厌胜”之法退水引起轩然大波。可是令人奇怪的是，面对这样的危机，朝廷上下，一片死寂，言官钳口，醉生梦死者依然醉生梦死，麻木不仁者依旧麻木不仁。李纲亲抵郊外，目睹洪峰巨浪冲没不可胜计的民畜，黎民百姓命悬一线，执政者却“不恤民隐”。李纲位低职微，却冒天下之大不韪，奋不顾身“以殉国家之急”，上《论水灾事乞对奏状》。



李纲在奏疏中指出：大宋立国160年间，“未尝有变”，此次洪灾来得突然，他把这次水灾定性为大灾异，希望徽宗能吸取教训，要戒惧上天给予的惩戒，广泛听取大家的意见；朝臣们应该尽忠竭智、捐躯报国。他自告奋勇进奏“急切厉害”之事，请求面圣。李纲认为当务之急，朝廷上下应同舟共济，挽救危机。他要求徽宗分别派遣官吏，做好固护堤防，并赈济灾民，稳定人心，警惕因灾情引发的骚乱、盗窃等。

面对批评和建议，朝廷却不以为然，李纲被斥“居心不良，意欲幸进”，遂被贬为监当官“居家待罪”。李纲“不敢供职”，心情“惶惧战栗”。但是心系家国的李纲认为自己忠于职守，没有私心，是因为太过忧虑，情迫意切。于是他鼓起勇气，又上《论水便宜六事奏状》，再次提醒徽宗，这次水灾来得突然，人心惶惧，远近震惊，不能等闲视之，要更加修身反省，劝谏徽宗应避离正殿、减膳，下罪己诏来稳固民心，选拔有才华、智力的官吏，严加守

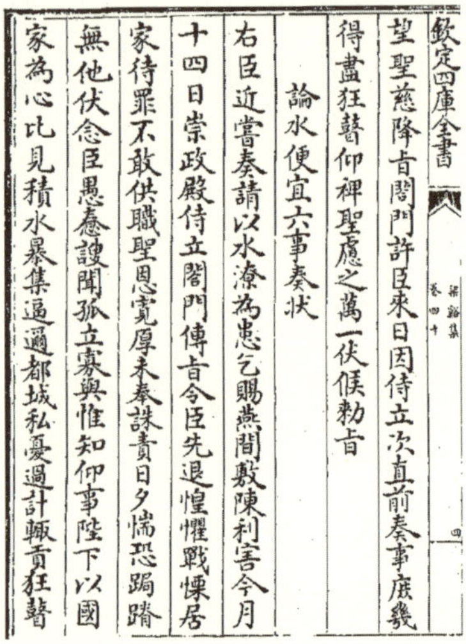
欽定四庫全書
梁谿集 卷四十
四
望聖慈降旨閤門許臣來日因侍立次直前奏事庶幾
得盡狂瞽仰裨聖慮之萬一伏候勅旨
論水便宜六事奏狀
右臣近嘗奏請以水潦為患乞賜燕閒敷陳利害今月
十四日崇政殿侍立閤門傳旨令臣先退惶懼戰慄居
家待罪不敢供職聖恩寬厚未奉誅責日夕惴恐跼蹐
無他伏念臣愚戇謏聞孤立寡與惟知仰事陛下以國
家為心比見積水暴集逼邇都城私憂過計輒貢狂瞽

《论水便宜六事奏状》

卫防备意料不到的事，可谓剀切之言。

为了根除灾害，李纲有六条意见：一是治其原。东京地处平原，一马平川，地势自西向东倾斜；东京城池以西，有汴河、蔡河、金水河、五丈河“四水贯都”，有龙亭湖、包公湖、铁塔湖、阳光湖和西北湖五大湖泊，水网密布，每遇暴雨，即泛滥成灾。李纲请求朝廷派人检查各地“陂塘”、疏导河道，把低矮的、不够牢固的筑高增厚，积极开展水利建设，引水灌田、蓄水防洪。

二是折其势。李纲提议在东京数里之外，修筑一条长堤，抵御洪峰巨浪，用以缓解一时之急，确保城池和百姓的安全。

三是固河防。李纲指出负责监护黄河堤岸的官吏玩忽职守，河道没有疏通、堤岸长久失修，随时会被洪水淹没。朝廷应颁布守护黄河法规；派遣擅长治理河流的官员探测地形、检查堤岸、疏通河道并派兵把守；要未雨绸缪，储备防洪材料；最后要严惩玩忽职守者，确保黄河堤岸安全。

四是恤民隐。李纲认为这次灾情严重，百姓倒悬，朝廷应诏令受灾州县，蠲免今年秋租；洪水过后，要做好赈济工作，让百姓恢复生活秩序，不令流离失所。

五是省烦费。李纲请求朝廷停止大兴土木，免征工役，罢废“花石纲”，生活要节俭，不应无度挥霍，要休养生息，减轻百姓负担，发展生产。

六是广储蓄。粮食是民生的根本、国家的根本，李纲提议要储备粮食。但是，朝廷肆意挥霍，导致国库日渐空虚，灾害又接连不断，连东南富庶之地也因灾害而歉收。朝廷应诏令各州县、各级官吏要裁撤贪占者，希望年岁丰收的时候，朝廷增加购买粮食的成本，委托精明干练的官吏，多收购粮食，以固国本。

李纲下笔千言，洋洋洒洒，意犹未尽，又分别书写附在奏折之后，希望徽宗能平息灾害、安慰天下人的殷殷期望。李纲待罪上章，却被认为“所论不当”，降为南剑州沙县监税。

李纲虽因论水灾被贬，却因祸得福，誉满天下，时人称为“凤鸣朝阳”。凤鸣朝阳，出自诗经《大雅·卷阿》：“凤凰鸣矣，于彼高冈。梧桐生矣，于彼朝阳。”

这年七月，李纲踏上贬谪之途，走向东南偏远的沙阳之地。

## 贬谪之途

李纲忠而见黜，内心的苦闷与伤感难以排遣，但父亲李夔得知儿子被贬往边远地区，并未忧心，反而写信教诲说：“进退出处，士大夫之常，汝勉自爱，毋以吾老为念也。”在父亲的鼓励下，李纲稍微心安，这时期，李纲创作的《吴江五首》，正是反映他遭到贬谪的忧思愁闷：

契阔离亲宁素愿，迂愚报国祇丹心。

远游自是男儿事，更把离骚细细寻。

像屈原那样忠诚，又像屈原一样被逐，此去千里烟波，他不懂得自己的命运会怎样？

李纲“渡淮历浙”，来到杭州临平，每日里“孤舟渺渺两山间，终日钩帘只看山”，他的心中“凄凉离恨谁能寄，浩荡诗愁自莫删”。夕阳西下，日头将落未落，余晖映照着稀疏的林木，渐渐地，天色渐暗，归林的鸟儿鸣叫着。李纲心绪重重，他在《渡浙江》中写道：

境清人自愁，夜静气尤古。

独坐不成眠，霜晴听津鼓。

他希望自己能平静、能释然，难道自己的忠直只是为了荣华富贵、追逐名利吗？在《桐江行赠江致一少府》诗中，他表明了自己“羁束轩冕非所荣”的态度。行船来到江西上饶，李纲在《上饶道中杂咏三首》中写道：“半世区区何所求，南来岂为稻粱谋。”他夜宿山寺，独坐观月，明月正团栾，在如水月光下，李纲只觉得心中倍加凄苦，远离亲人，在这荒寂的山寺听悠长的暮鼓，心情不言而喻，他反复吟咏：“凝眸无限景，愁绝不成吟。”“片帆随鸟翼，离恨满江乡。”李纲借景抒情，一路行来，风景殊异，但自己在贬谪路上，羁旅行役，如同断线的风筝，断梗飘蓬，寂寞与孤独常伴，纵然风光无限，也无法消减愁绪万千。

从江西上饶沿水道，李纲时隔30年后再次踏上福建的土地。

崇安古道上的分水关路，自古是闽地进入中原的重要通道，崇安县西北，地处武夷山脉的闽赣分水岭是“入闽第一山”。这年十一月，千里迢迢而来的李纲在大雪纷飞中越过分水岭，来到大安。雪过天晴，他马不停蹄，赶去崇安县城，没想到又一场大雪接踵而至。李纲趁此机会在崇安驻足，他知道福建地区武夷山的山水最为秀美瑰奇，但一直只能心中向往，却无法与武夷山的山水亲近，这次被贬谪，倒是实现了他游历武夷山的夙愿，也算是失之东隅收之桑榆了。

武夷山历史悠久，碧水丹山，有三十六峰、七十二洞天、

九十九岩，素有“奇秀甲东南”之称，流传在武夷山的美丽神话数不胜数，留在武夷山的动人诗篇层出不穷。李纲兴致勃勃地上路了，天柱峰，又名大王峰，是进入武夷山的第一峰，高数千仞，好像巨大的石柱，直插云天，它四壁陡峭，雄浑奇伟，李纲惊叹之余，写下《天柱峰》一诗：

巉巉千丈插烟空，始见天南一柱峰。
绝顶雾开擎日月，半岩云暝噫雷风。
俯临万壑林葱秀，高压群山气象雄。
谁道共工曾触折，断鳌端是女娲功。

远远望去，在烟雾迷蒙中，天柱峰仿佛与天相接，如同鳌足。李纲浮想联翩，想到了上古的神话人物共工和女娲，整首诗充满了豪迈的气势。

武夷山林立的奇峰，令李纲目不暇接，在丰然壁立的群峰中，李纲终于看到了玉女峰，她孤立于群峰之间，明艳动人，风姿绰约。

各色美景次第呈现眼前，在大王峰北侧有幔亭峰，丹崖峻拔，苍松环簇，好似一座巨大的翠屏，李纲写下《幔亭峰》：

燕罢虹桥绝世氛，曾孙谁见武夷君。
更无裀幕空中举，时有笙竽静处闻。
猿鸟夜啼千嶂月，松篁寒锁一溪云。
洞天杳杳知何处，翠石苍崖日欲曛。

相传当年武夷君曾在幔亭峰宴仙坛大摆筵席，会见乡人，“幔亭”之名由此而来。李纲以“幔亭招宴”提领全诗，充满传奇色彩。日落时分的幔亭峰，新月初出，惊动了山间的鸟、猿，它们的啼鸣此起彼伏，松林竹丛深处云雾缭绕，让李纲恍若置身仙境，不知身在何处？

李纲在山中盘桓数日，意犹未尽，恋恋不舍离去，来到瓯宁。瓯宁茶史悠久，位于城东凤凰山麓的北苑御茶园烘焙出的龙团凤饼享誉九州。

李纲从凤凰山麓经过，这名噪天下的好茶，焉能不一亲芳泽？古人素喜“烹雪煮茶”，因为雪的甘洌会烹出香、味俱全的好茶，北苑御茶更适宜用雪水来冲泡。也是天公作美，李纲到此，恰逢天降大雪，漫天琼花飞舞，他得以“雪水烹茶”，品尝“天下味”。

事后，李纲写了《建溪再得雪乡人以为宜茶》一诗：

闽岭今冬雪再华，清寒芳润最宜茶。
泛瓯欲斗千金价，著树先开六出花。
圭璧自须呈瑞质，旗枪未肯放灵芽。
传闻龙饼先春贡，已到钧天玉帝家。

李纲把龙团凤饼比喻成玉璧，对茶的钟爱可见一斑。

李纲途经建安，他一定要到大中寺看一看，为父亲了却一桩心事。

大中寺，旧名“律寺”，始建于唐贞观（627—649）年间，唐大中（859—860）初年赐额“大中”。大中寺的驻锡禅师——庆馀禅师30年前居住在松溪中峰寺，与李夔相善，经常有文章、书信往

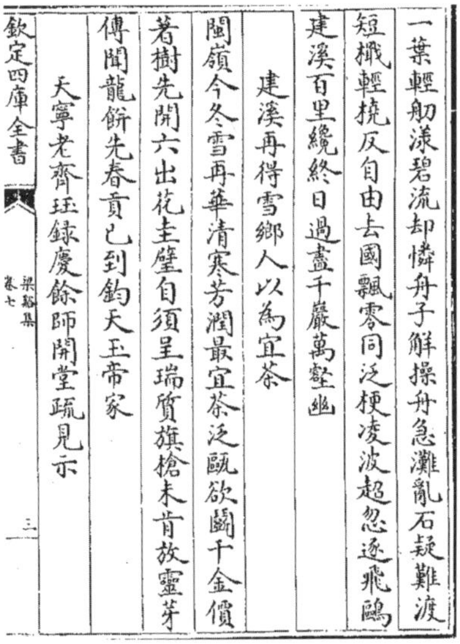
一葉輕舠漾碧流却憐舟子解操舟急灘亂石疑難渡
短檝輕撓反自由去國飄零同泛梗凌波超忽逐飛鷗
建溪百里繞終日過盡千巖萬壑幽
建溪再得雪鄉人以爲宜茶
閩嶺今冬雪再華清寒芳潤最宜茶泛甌欲鬬千金價
著樹先開六出花圭璧自須呈瑞質旗槍未肯放靈芽
傳聞龍餅先春貢已到鈞天玉帝家
天寧老齋珏録慶餘師開堂疏見示
欽定四庫全書 梁谿集 卷七 三

《建溪再得雪乡人以为宜茶》

来。当时，吕惠卿谪居建安，在李夔的引荐下，庆馀禅师被吕惠卿请到大中寺，因为庆馀禅师德高望隆，大中寺由是闻名遐迩，学者云集大中寺，名冠一时。

据传说，半年后，吕惠卿邀约李夔同游武夷山，没想到等他们回到建安，庆馀禅师已经端坐禅房，没了气息，吕惠卿伤心之余，拿起一小磬在禅师耳边轻轻敲击十几声，庆馀禅师醒转过来。七天后，吕惠卿恭请庆馀禅师开堂弘法，李夔应吕惠卿之命，作《开堂疏》，事后，庆馀禅师就坐化了。吕惠卿将此事始末刻于石碑，并将石碑放在大中寺，供游者瞻仰。李纲来到大中寺，虽初次来访，但他倍觉亲切，手抚石刻碑文，慨然仰叹。

建安天宁寺始建于六朝陈武帝永定二年（558年），旧称“白鹤”，后更名“开元”，宋大观（1107—1110）年间易“天宁万寿”。李纲访大中寺，惊动了天宁寺长老齐钰，因敬仰庆馀禅师，齐钰手录李夔的《庆馀长老开堂疏》。如今，李纲寻访至此，他愿意把自己手书的《庆馀长老开堂疏》送给李纲，结一份佛缘。李纲正在大中寺品茗休息，齐钰长老到来，把《庆馀长老开堂疏》相赠。这是意外的惊喜，李纲喜不自禁，当即赋诗一首：

一别闽山三十年，重来相见两依然。

烦师录示当时语，犹喜曹溪一派传。

诗中的“曹溪”，说的是庆馀禅师继承六祖慧能的曹溪法脉。

## 谪居沙县

不日，李纲来到沙县。此时的沙县可谓群星灿烂，是闽北文化重镇，著名的罗氏、陈氏、邓氏是沙县的名门望族，在他们周围云集着一批文化名人。李纲的到来，将为这一绚烂的历史增添浓墨重彩的一笔。

当晚，沙县官署莫名火起，慌乱中，风助火势，官署毁于一旦，这难道是沙县热烈欢迎李纲到来的仪式吗？惊魂未定的李纲以戏谑的笔法写下一首诗，还写了序：

余抵沙阳之夕，民居延火几爇官局。因念以论水得罪，复以火惊，殊可笑叹，戏成此诗：

囊封论水谪天涯，才到沙阳火复随。
本为玄冥遭放逐，却因回禄更惊疑。
生辰端是穷申未，学易何曾悟坎离。
烂额焦头那足惜，只愁蓬迹久飘移。

他说，自己以论水得罪当朝，现在又被大火吓得不轻。难道这里面有什么征兆？李纲还特地标注：“余生辰己未火、甲申水。”是不是自己此生与水、火有不解之缘呢？

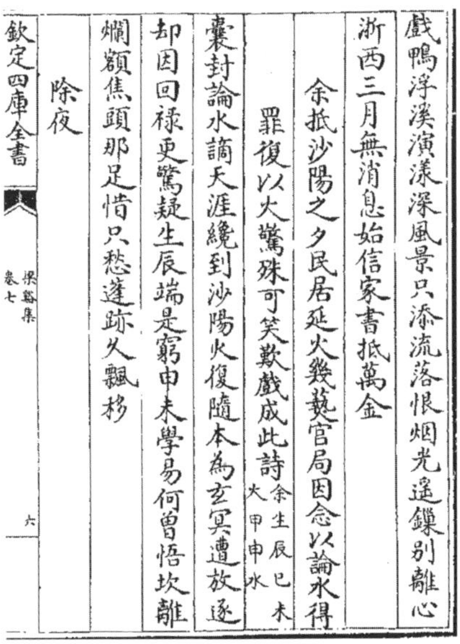
戲鴨浮溪演漾深風景只添流落恨烟光還鑠别離心
浙西三月無消息始信家書抵萬金
余抵沙陽之夕民居延火幾爇官局因念以論水得
罪復以火驚殊可笑歎戲成此詩余生辰己未火甲申水
囊封論水謫天涯纔到沙陽火復隨本為玄冥遭放逐
却因回禄更驚疑生辰端是窮申未學易何曾悟坎離
爛額焦頭那足惜只愁蓬跡久飄移
除夜
欽定四庫全書 梁谿集 卷七 六

赴沙县遇火诗

官署被毁，李纲遂搬往兴国寺寓居。兴国寺始建于唐中和二年（882年），原名中兴寺；宋太平兴国三年（978年），宋太宗赐匾改称兴国寺。李纲命工匠将兴国寺的西轩整治一新，并命名为

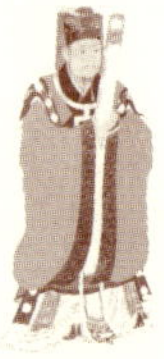

“寓轩”。

不久，李纲即邀请陈渊小酌，陈渊字知默，是陈瓘的侄孙、杨时的女婿。李纲以诗记事《招陈几叟小饮》：

开樽欲约玉川子，致鲤先遣长须奴。
春时海燕光涎涎，风暖城乌尾毕逋。
幸有异书并古字，可无白饭与青刍。
虚堂隐几共谈笑，应信今吾非故吾。

李纲说道：举杯喝酒，我就想起你了，先派遣男仆送信给你。诗句化用古乐府《饮马长城窟行》中“客从远方来，遗我双鲤鱼。呼儿烹鲤鱼，中有尺素书”典故。“涎涎”出自汉成帝时民谚“燕燕尾涎涎”，把燕子的轻盈优美道出。他们在宽敞、高大的房间里，靠着几案谈笑风生，李纲非常自信地说，自己已经不是过去的那个我了，说明李纲已经走出仕途遭挫的阴霾，恢复了无比的自信，从诗中可以发现，这时候已经是初春了。

李纲谪居沙县，所任是闲职，所以有大量的时间博览经史。李纲胸怀大志，一心建功立业，这种闲曹冷局与无所作为也会让李纲心生愁绪。一日深夜，李纲孤闷难眠，他索性披衣起身，独步街头。

寂静中，李纲诧异地看到一屋灯火通明、书声琅琅，一俊朗青年正秉烛夜读，此人正是邓肃。促膝倾谈间，李纲发现邓肃机警敏捷，谈论政事很有见地，对时弊了若指掌。他“见而奇之”，相见恨晚；邓肃更是仰慕李纲，能够结识，更是平生所愿。此后，他们往来频繁，谈古论今、吟诗作赋、观花赏画，成为忘年交。

邓肃，字志宏，号栟榈，为人刚正，关心国事民瘼。认识李纲后，他作了《寒梅上李舍人》赠李纲：

穷山触目纷茅苇，此意昏昏谁可洗。
竹间忽破一枝梅，对月嫣然耿寒水。
吟诗索酒满高堂，穿帘的皪射晶光。
世上羶荤来不到，翦翦天风吹冷香。
人言百花睡未起，独冠群芳差可喜。
那知和羹自有期，未用争雄压桃李。
但怜雨雪正濛濛，寒意未舒万象穷。
故作选锋驱残腊，挽回天地变春风。

邓肃以寒梅的气骨与品格隐喻李纲，盛赞他直言敢谏、蔑视奸佞的铮铮铁骨，希望他能早日还朝，唤得天下春风。

李纲当即和作《次韵邓志宏梅花》：

空山极望皆黄苇，欲挽天河聊一洗。
溪边的皪见梅花，冷蕊疏枝濇烟水。
安得健步移我堂，清夜桂魄来孤光。
人寰尘土飞不到，鼻观寂寂闻天香。
吾衰文思久不起，见子新诗端可喜。
落英坐使笑夭桃，结实定知非苦李。
年来踪迹堕空濛，与子追随邈未穷。
琢磨妙句觑天巧，为我一振诗家风。

首句，李纲以景带入，幽深少人的山林，放眼远望都是枯黄的芦苇，忽见溪边梅花，在雾霭迷蒙的水面，标格清高的梅花生机盎然。话锋一转，李纲盛情邀约邓肃来“寓轩”叙谈，称赞邓

肃的才思“琢磨妙句觑天巧，为我一振诗家风”。

观李邓之唱和，都巧妙地用萧疏颓败的冬天景致暗喻当时的朝廷现状，而以傲岸的梅花比喻正直、高洁的雅士，写人写景，情景交融，两人的心灵交契可见一斑。李邓二人皆爱梅花、岩桂、白莲等清幽雅洁之物，他们赏花吟诗、踏雪寻春、反复唱和，寂寥的时光被这风花雪月铺衬得精致优雅、暖香四溢，李纲落寞的心绪被熨帖得颇为适意。

在沙县，李纲还认识了邓密。邓密，字季明，号乐全居士。李纲在《种花说》里记载：邓密晚年的时候，对功名失去兴趣，一心侍花弄草，不管是多么遥远，只要是名贵少见的花木，只要好看的，他都不惜一切求到手，种在自家小花园里。邓密养花自有秘诀，不管什么样的环境与气温，只要种在邓密的园中，没有不成活的。所以，邓密的花园各色名花皆有，争奇斗艳，不管是孤芳自赏，还是呼朋引伴，都能怡情悦性，不亦乐乎。

暮春时节，邓密的花园里桂花早开，又逢长子文饶登第，始任官职，花应吉兆。邓家上下，欢天喜地，大摆宴席，宾客云集来贺。李纲自然也是这宾客里的一员，他的《季明之子登第戏成小诗并纪岩桂之异》诗云：

怪底春山桂开早，仙籍浮香远相告。
固知钟爱在贤郎，谁谓笔根无显报。
亲宾来贺如云奔，车马煌煌于氏门。
七杯燕客吾未与，应欲特开东阁樽。

李纲与邓密结缘于花，两人相知相契，邓密也不吝所爱，经常送来应时花卉，李纲原本朴陋的“寓轩”被装扮得生机勃勃，充满诗意。邓密结圃隐逸，恬然自适，李纲为邓密诗题《次韵题乐全庵邓季明》“澄清谢泥滓，淘汰见精粹”，赞誉他清澈明洁没有污浊，从诗句中可见邓密精美纯粹的人格。

有一次，邓密在园内营建一高大的房子，竣工之际，邓密邀李纲赏花。但见奇花嘉木的园中，一间华屋宽敞、明亮，邓密早已备好笔墨，李纲也未推辞，为新屋题名“棣华堂”。“棣华”出自《诗·小雅·常棣》，用来比喻兄弟，点明邓密孝悌族亲、惇信明义的淳厚性格。李纲另有七律《棣华堂》赠邓密：

沙阳地僻有幽人，三乐高怀自壮辰。
雏凤已闻栖郄桂，棣华更祝寿庄椿。
家余美酿时觞客，手植名花日赏春。
借问市朝耽恋者，何如云水自由身。

罗畸，字畴老，宣和（1119—1125）年间，朝廷批准他在家休养，他和李纲一见如故，于清明过后，两人相约同游栖云寺。罗畴老在寺院内兴宝藏，把家中珍藏的佛典5480卷捐献给寺院，盖了经堂，李纲为经堂题名“印心堂”，还作了序，后又盖殿宇，李纲再题名“报本殿”。

邓肃与罗畴老都喜欢收藏书画。罗畴老藏有衡山图、华山图、李伯时的蕃马图与御马图、蜀中入定僧惠持画像、北宋富弼画像，他把这些宝贝一一展示给李纲赏鉴。赏画时，李纲看那华山雄伟奇峻，山势峻峭，蒸腾的云雾缭绕，仿佛置身于画图中，耳边隐隐听到松风呼啸，他感叹不已，心驰神往。邓肃请李纲为自己收藏的书画题跋，李纲作了《墨戏六首》题在画中：

拳蠹

屈折金石瘦，偃蹇虬龙怒。
萧然少生意，端为根中蠹。

## 枯折

岁晚风号寒，琅玕半吹折。
虽残栖凤枝，终抱凌霄节。

## 宿枝

疏筠轻带粉，老叶饱经霜。
试问枝头实，何年集凤凰。

## 新叶

解箨能几日，成阴不待春。
天然为谁笑，风露一枝新。

## 引根

土润引新萌，虬鞭独处行。
此君人不厌，何惜满林生。

## 迸笋

养就箨龙儿，斓斑角未齐。
斧斤休纵手，会看拂云霓。

这六首诗借物抒怀，写的是人们最常见的景物：老枝、新叶、竹根、嫩笋等，却处处有隐喻，表达了诗人不畏严寒、无惧吹折，终抱“凌霄节”的磊落气概。

陈正式，字兴宗，是陈瓘兄长陈璞之子，时年六十，居家守孝，筑园隐圃，圃内竹树秀美，群芳烂漫。李纲经常邀约邓肃、邓密到隐圃赏花。五月的时候，六十岁的陈正式忽然得了耳疾，听不见声音，朋友一起聚会，兴宗总是会错意，那憨憨的样子，让人忍俊不禁，李纲诗《次韵志宏戏兴宗耳疾之作》颇有意趣，寓意深远："谛观新卷叶，成此清净耳。""虚含十方界，遐迩初无里。"因为听不到凡尘嘈杂，兴宗的心境洁净，不会受到干扰。朋友的善意戏谑，兴宗也兴致勃勃地唱和，这些琐屑的小事，在文人间也成了一件风雅事。

沙县原有官署"征商会所"，坐落于沙溪上，李纲初来那夜，毁于大火。在众人的倡议下，李纲亲自主持重建，他在原来的基础上，增广、加大。竣工后，阁上临风，可俯视城中大道，阁前有七峰矗立，远处的峰峦，层层叠翠，茂密的林中薄雾迷离，美不胜收，李纲把新阁取名"凝翠阁"。沙县的沙溪平稳缓慢，有几十里，沙溪上有舫，可惜遭雷火焚击。这年夏天，李纲提议重修画舫。他的提议很快得到同僚们的回应，不到一个月，画舫建造完毕，华丽宏壮，李纲为画舫取名"泛碧斋"。

"凝翠阁"与"泛碧斋"建成后，李纲时常邀约邓肃、罗畸、陈渊、陈正式、邓成彦等聚会"凝翠阁"、行舟"泛碧斋"，他们志同道合、情趣相谐、寄情山水、赏月赋诗。此时的李纲，创作了大量的诗篇，他全身心融入自然，物我两忘，美丽的沙阳，成了疗救心灵创伤的一道良药。

宣和二年（1120年）盛夏，李纲在沙县第一次品尝到人间至味——荔枝。他在序中感慨张九龄的《荔枝赋》虽然写得好，但是还没写到极致，仍有缺憾，于是作《荔枝赋》。

张曲江尝赋荔枝，美则美矣，然未尽善也。予来闽中，始得食其生者，因感而赋之。其辞曰：

伊天地之大美，钟火德于炎方，结荔枝之嘉实，禀纯气于至阳。含滋润于雨露，违严凝于雪霜，碧叶素荣，缥蒂丹房，肤如龙鳞，颗如裹囊，绛绡为壳，白玉为瓤，液贮甘露，核藏丁香，酝难言之妙味，吐自然之清芳，此荔枝之大略也。全而观之，丸如丹凤之方卵而未雏；破而窥之，莹如老蚌之既剖而见珠；掇而出之，粲如姣姬褪红裳而露玉肤；咀而嚼之，旨如琼醴吸沆瀣而羞醍醐；谈辨莫及，丹青难图，百果退避，孰敢争腴。至如厥包橘柚，先荐含桃，岭表龙眼，西域葡萄，色沮情恧，逊美推高。矧夫剥枣浮瓜，来禽青李，张公大谷之梨，梁侯乌椑之柿，曾何足以比万分之一二哉！秋夏之交，蒸暑歊然，畏景驰空，熏风入弦，著花结实，耀日含烟，一望万株，列于名园，璀璨荧煌，若繁星之丽天。一食千颗，置之华筵，圆匀磊落，若火齐之堆盘。溢甘芳于齿颊，实元气于丹田，宿酲可解，沉痾可痊。若夫色味与香，变于三日，曝之为干，渍之以蜜，泛鲸海之巨航，入金张之要室，譬如神药致佳人之尸，千金市骏马之骨，气格精神，初不得其仿佛也。昔者

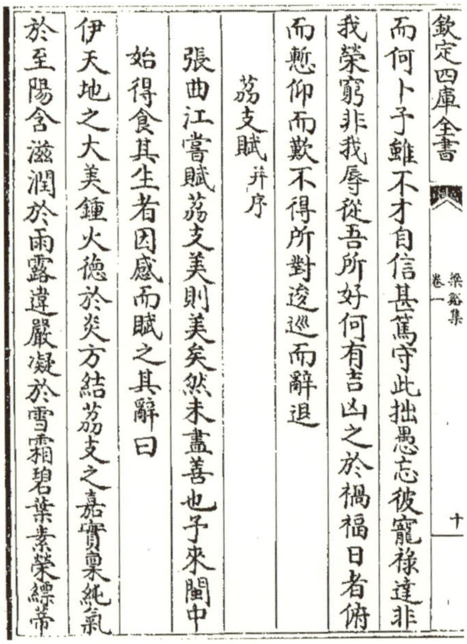
欽定四庫全書　梁谿集 卷一　十
而何卜子雖不才自信甚篤守此拙愚忘彼寵祿達非
我榮窮非我辱從吾所好何有吉凶之於禍福日者俯
而慙仰而歎不得所對逡巡而辭退
荔支賦并序
張曲江嘗賦荔支美則美矣然未盡善也予來閩中
始得食其生者因感而賦之其辭曰
伊天地之大美鍾火德於炎方結荔支之嘉實稟純氣
於至陽含滋潤於雨露違嚴凝於雪霜碧葉素榮縹蒂

《荔枝赋》

曲江尝为之赋，寓意卒章，惜其不遇，初不知草木之性，各得其土，玩物丧志，亦所不取。开元之末，妃子最怜，万里驿致，来自蜀川，死百马于山谷，见一骑而嫣然，荔枝则遇，而天下病焉。爰有狷介之士，负罪远谪，适于其时，偶得而食；不烦传送之劳，以资口腹之适，快平生之夙愿，饱珍味而无斁。正犹卫懿不可以好鹤，而幽人得之，适所以增其逸；阮籍之徒，得全于酒，而羲和湎淫，乃废时而乱日。且食荔枝，此非我力。

李纲在赋里写道：夏秋交接的时候，暑气蒸腾，几万株的荔枝树排列在果园，茂密的枝叶丛中挂满了一串串红彤彤的荔枝，犹如满天的繁星撒落在绿色的海洋，璀璨辉煌。若把荔枝摆上宴席，堆在果盘里的荔枝好像一团火焰，品尝荔枝，“旨如琼醴”，会齿颊生香，酒醉的人吃荔枝，宿酒会清醒，罹病的人吃了荔枝会马上痊愈。读李纲的《荔枝赋》，感觉他食用荔枝后，有醍醐灌顶之妙。

李纲从吃荔枝想到杨贵妃，他感叹，杨贵妃为了吃到新鲜的荔枝，多少骏马死于山谷野道，只有那些负罪远谪的狷介之士才有口福，适得其时，“快平生之夙愿”，“饱食珍味”，却无须传送的劳累。看李纲所写，他倒有一种幸好被贬谪的窃喜。

美食亦能激发才思，李纲落笔有神，接连两阙《减字木兰花》，反复吟咏：

华清赐浴。宝甃温泉浇腻玉。笑靥开时。一骑红尘献荔枝。　　明珠乍剖。自擘轻红香满手。锦袜罗囊。犹瘗当年驿路旁。

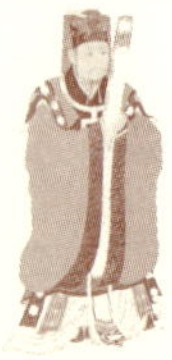

仙姝丽绝。被服红绡肤玉雪。火齐堆盘。常得杨妃带笑看。　　劳生重马。远贡长为千古话。林下甘芳。却准幽人餍饫尝。

李纲在沙县期间，诗文成了他消解愁绪的重要载体，但平静的水面也会击起层层涟漪，李纲收到家书，知道淮河流域发生了严重的蝗灾，蝗群铺天盖地，飞渡长江南下，蔓延到江苏、浙江等地。看罢来信，李纲忧心忡忡，百姓何辜呀？他写下七绝《得家信报淮南飞蝗渡江入浙岁事殊可忧感而赋诗》：

闻说飞蝗起自淮，势如风雨渡江来。
吾家岁事何须虑，只恐人言不是灾。

宣和二年（1120年）六月，李纲“复承事郎”，十月“复本等差遣”。年底，李纲即将离开沙县，他心中恋恋不舍。平日里，渴望得到圣恩眷顾，早日放回，可这一天真的来临，心中却别有一番滋味，离绪千结。李纲在《将去沙阳留别邓季明诸公》写道：

一载沙阳信有缘，宽恩许去却依然。
碧斋翠阁已如梦，明月清风长自妍。
溪上客舟横一叶，箧中诗卷胜千篇。
诸公别后应思我，茗饮时时到寓轩。

在“凝翠阁”“泛碧斋”的美好时光将成为过去，只有清风和明月依然美丽，我走了呀，你们肯定会想念我的，当你们想念我的时候，就到“寓轩”去喝茶吧。

回京的路上，李纲经过崇安黄亭驿，再次游览武夷胜境。这次，他泛舟九曲溪。九曲溪流经中部时，在峰岩幽谷中奔流十八个优美的弧线，它时而舒缓、时而湍急，环山就势，流淌不息。夕阳欲尽，天空中的云霞依然明亮，当李纲泛竹排来到晞真馆，已经月华初上了。李纲与“羽人”一起泛溪、饮酒、赏月，留下《江城子·再游武夷，至晞真馆，与道士泛月而归》词一阕：

武夷山里一溪横。晚风清。断霞明。行至晞真、馆下月华生。仙迹灵踪知几许，云缥缈，石峥嵘。　羽人同载小舟轻。玉壶倾。荐芳馨。酣饮高歌，时作步虚声。一梦游仙非偶尔，回棹远，翠烟凝。

李纲的脚步踏进福建疆域，在沙县整整停留了一年光阴，有欢乐，有忧愁。如今他“蒙恩北归”，马上踏出福建的疆域，回首南望，有点心绪茫茫，他写下了《望江南·过分水岭》：

征骑远，千里别沙阳。泛碧斋傍凝翠阁，栖云寺里印心堂。回首意茫茫。　分水岭，烟雨正凄凉。南望瓯闽连海峤，北归吴越过江乡。极目暮云长。

这一别，也许就是山高水长了。

李纲回到无锡，与家人团聚，欢喜不尽。没想到，父亲李夔却一病不起，于宣和三年（1121年）五月离世，李纲没想到团聚之日亦是分别之时，悲不自胜。八月，李纲把父亲和母亲合葬一起，开始了为期三年的丁忧。

# 第三章

# 保卫东京

金人败盟，分兵南下，国难当头，李纲挺身而出，成了开封军民抗金斗争的中流砥柱。他以文臣领武职，取得东京保卫战的胜利。然因投降派一再排挤，李纲被贬离京。

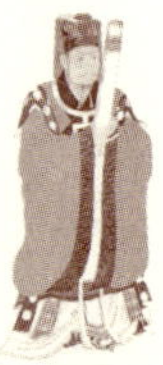

## 反对“海上联盟”

在我国东北的白山黑水之间，居住着一支女真族，长期以来，女真族深受契丹贵族的奴役与压迫。辽国统治者的压迫，激起了女真族的愤恨，完颜部首领阿骨打于政和四年（1114年）誓师起兵，接连打败辽兵，势力迅速强大。政和五年，阿骨打建立了金国，正式称帝。

金国建立后，阿骨打又攻下辽国的重要军事据点黄龙府，辽国天祚帝亲率十万大军讨伐，却遭到阿骨打的袭击，溃败逃散。金国乘胜追击，很快占领辽国辽阳以东的全部州县，政和六年，金国一举攻下辽国的东京辽阳府。辽国在内忧外患下，气息奄奄，朝不保夕。

辽国在金兵进攻下岌岌可危的消息传到宋廷，宋徽宗以为同金国联合攻辽，不用花什么力气就可以夺取燕云十六州，完成宋太祖、宋太宗未竟之大业。在这种火中取栗的侥幸心理驱使下，重和元年（1118年）起，宋以买马为名，一再派人从登州渡海到辽东，探听虚实。从此，宋、金使者往返联络，并于宣和二年（1120年）签订“海上联盟”，联盟约定：宋、金采取夹击的办法，同时向辽进攻，金兵攻取辽长城以北的州县，宋兵攻取辽国的燕云地区；灭辽后，长城以南州县归宋管辖，宋廷要把原给辽的岁币每年如数交给金。

“海上联盟”一开始就遭到朝中有识之士的激烈反对，连高丽国王也看得清楚，特地捎了话来：“辽为兄弟之国，存之可以安边。”这些谏言，都说得极为透彻，但徽宗置若罔闻。其时，李纲正居忧，但他时刻关注朝廷的局势。他撰《制虏论》，精辟分析了宋、辽、金三国的关系和形势，阐明联金灭辽是失策，显示出了他卓越的政治远见。

李纲在《制虏论》中反复强调：金国强大，对宋威胁最大，是中国的“坚敌”，联金灭辽仅为了“一时厉害”，不是长远之计。联金灭辽，“能保女真之不为患乎?”就地理位置而言，一旦辽国灭亡，具有战略防御地位的燕山山脉将变成金国的腹地，宋失去有利的防御地形，一旦金兵南犯，如何进行自卫战争？因此，李纲呼吁徽宗绝不能“见小利而败大事”。

李纲的大声疾呼无法阻止徽宗实现百年梦想的脚步，“海上盟约”订立后，金国即对辽展开新的攻势，接连攻陷辽的中京大定府和西京大同府，辽天祚帝被迫逃入夹山。宋廷也调集精锐的陕西兵准备向燕京进军，不想，国内爆发方腊起义，这支刚刚调集的军队火速南下镇压起义，没有如约出兵。这时的辽国在金国连番打击下，在长城以北已无立足之地，燕京地区由皇族耶律淳自立为帝。宋廷君臣认为，此时攻打燕京犹如探囊取物，随即于宣和四年（1122年）派童贯及蔡京之子蔡攸率10万大军向燕京地区进发。

童贯、蔡攸之流以为燕京只是辽的残余力量，唾手可得，他们做着建功立业的美梦，对燕京一带的辽国军民发布诏谕劝降，对辽新帝耶律淳也开出了投降的优惠条件，企图不战而屈人之兵。五月，童贯率大军到了雄州，下令部下入辽境后“如敢杀一人一骑，并从军法”的荒唐命令，却不料辽国无人响应，没人献

出一城，也没有吏民倒戈。结果，在燕京辽兵的阻击下，宋军惨遭大败，四面溃逃，死伤遍野。

耶律淳在宋军退败不久就病死，辽的燕京小朝廷内人心混乱，宋廷认为这是天赐良机，又派二十万大军进攻燕京地区，但是主将刘延庆根本没有打胜仗的信心，在良乡碰到辽兵，不曾开战就烧军营、焚辎重逃跑。奔逃之中自相踩踏、落水跌崖的不计其数。经此一役，宋廷五十年来所积累的战备粮草和军械损失殆尽！

接连两次向燕京出击均遭败绩，童贯为了逃避兵败的罪责，秘密派人到金营见阿骨打，约请金兵进攻燕京。阿骨打遂率军于宣和四年（1122年）十二月由古北口、南暗口、居庸关三路越过长城，攻占了燕京，不久，天祚帝也被金兵俘虏，辽国灭亡。

金国占领燕京后，看透了宋廷的腐败与无能，就不肯按原约把燕京交给宋廷。双方使者往返多次，经过讨价还价，最后金国只答应把燕京及其所属的六州二十四县交给宋廷，而宋廷却要把每年给辽的四十万岁币交给金国，还要把这六州二十四县的赋税如数缴给金国，除此之外还要每年另交一百万缗作为燕京六州的“代税钱”，金国才答应撤军。

金兵撤出燕京时，把城中财富、官吏、富户、工匠等劫掠一空，等童贯、蔡攸带兵进城后，燕京已是满目疮痍。拿钱买回一座空城，宋廷不以为耻，徽宗还命人撰写《复燕云碑》来歌功颂德。

宋君臣大肆庆贺“不世之功”，却不知危在旦夕。居忧无锡的李纲隐隐感到不安，金国能就此罢手吗？看到徽宗君臣所为，他“为之寒心”。

宣和五年（1123年），邓肃赴京应试时特意来到梁溪访李纲。这一天，李纲正在家中独坐观书，忽闻门子来报，有故旧来访，他心中纳闷：哪来的故旧呀？居忧的日子缓慢冗长，孤单寂寞的李纲忧心国事，经常郁郁寡欢，如今有朋自远方来，能不高兴？他急忙迎了出来。但见益发英俊洒脱的邓肃正笑容满面地看着自己，李纲大喜过望，疾步向前拉住邓肃的手，两位好友经年相见，悲喜交集。当晚，李纲备下佳肴，为邓肃接风，事后，李纲写下《送邓志宏赴试南省》一诗：

杜门忧患余，戚戚常鲜欢。故人千里来，一笑解我颜。
念昔寓沙阳，溪山郁回环。游从得良友，妙赏穷跻攀。
别来几何时，岁月惊飞翻。索居无与游，衰病两鬓斑。
子充观国宾，假道叩我关。草草具盘馔，把酒望西山。
道旧访陈迹，相对如梦间。顾子若鸿鹄，整翮正高骞。
轩然四海心，岂惮行路难。努力取殊第，自致青云端。
春风得意后，期子从兹还。

李纲写道：自己闭门谢客，每天在忧心忡忡中度过，老朋友来访，一下子就解了我愁颜。回想往日情谊，时光易逝，变化实在太大了。

这变化包含着朋友容貌的变化，更有国家形势的变化，而自己两鬓已花白。看着风华正茂的邓肃，李纲对他寄予无限厚望，他鼓励邓肃努力取得功名，早日为国效力，殷殷之情，充溢诗中。

宣和二年，张元幹到江西南康拜访陈瓘，陈瓘赏识张元幹，就把李纲推荐给张元幹，因着这份机缘，宣和六年春，张元幹在回福建的路上，到梁溪拜访了李纲。两人初次见面就相谈甚欢，他们纵论古今，很是默契，遂成莫逆，事后李纲追忆道：“听其言，鲠亮而可喜；诵其文，清新而不群。”刚直诚实的张元幹很受李纲赏识，再读张元幹的文章，李纲觉着清美新颖，不同寻常。

此后，张元幹成为李纲的好友，在以后的抗金斗争中，邓肃、张元幹追随李纲，同患难共甘苦，他们肝胆相照，一生相随。

## 抗金之策

宣和六年（1124年），李纲丁父忧毕，除知秀州。还没赴任，宣和七年三月，李纲复职为太常少卿，六月，李纲回到京城。

金太祖阿骨打病故后，继位的金太宗把目标转向北宋，加紧征发民夫、积蓄粮草、调兵遣将、向南集结，一方面不断派出使者，把攻宋的道路险易、宋廷治乱、府库虚实等情况逐一摸清。宣和七年十月，金国以宋收容辽国降将张觳为借口，兵分两路大举攻宋，东路由右副元帅斡离不率领，从平州攻燕山；西路由左副元帅粘罕率领，从云中进攻太原。同时，金太宗派使臣抵太原，要求宋廷割让河东、河北，以黄河为双方国界；又派使臣至东京，公然要挟宋廷割地称臣。

这时，斡离不率领的东路军进入宋境后，几乎兵不血刃就接连拿下檀、蓟二州，进抵燕山府。燕京守将蔡靖命郭药师、张令徽、刘舜仁率军出城迎敌，郭药师早已生异心，他稍作抵抗，就不败自退，躲进燕山城内。十二月初，金兵追至城下，郭药师索性反了，捆了主帅蔡靖和一帮文武官员，开城投敌。燕京守军没了主帅，一哄而散，燕山府所辖州县也尽入敌手。郭药师降了金以后，还不罢休，向金军将领献计说，宋军精锐都在太原防守，河北空虚，不如趁势南下。于是自为向导，引领金军直逼黄河。

粘罕率领的西路金兵也是势如破竹，一直打到了太原城下。镇守太原的童贯心怀畏怯，借口禀报朝廷为名，要逃回东京，知府张孝纯极力劝阻，请求童贯召集各路宋军援救，身任宣抚之职的童贯推卸责任，以自己没有守卫疆土之责为由临阵脱逃。十二月十八日，太原被围，危在旦夕，知府张孝纯率领城中军民顽强抵抗，坚守太原，暂时挡住西路金兵南下。

宋军败绩，金兵进逼，急报如雪片般飞报东京。一天，一份河北军事急报送至朝堂，原来，金军东路军的统帅斡离不在进抵燕京途中，在保州安肃军遭到当地守军的激烈抵抗，便绕道来到了中山府。中山府虽有知府詹度勇气可嘉，发动军民抗敌，但中山府已是河北的南边了，离汴京只有十天路程。徽宗看罢边报，直吓得魂飞魄散、浑身哆嗦。

此时的宋廷，既没有主持大计的重臣，又没有可以倚恃的将帅，平日耀武扬威、为非作歹的大臣，此时却畏敌如虎，只想保命，要么逃命，要么投敌。徽宗吓得六神无主，情急之下，他一面下求言诏书，请求朝野官民，直言议政，陈述挽救社稷危机的意见，并下“罪己诏”谢天下；一面召天下勤王之师，命皇太子赵桓为开封牧。

十二月二十一日，太常少卿李纲上书言事，他针对北宋政

治、军事等方面的弊端，认为当务之急，朝廷应选择将领、鼓励兵士“多方捍敌”，以“治其本原”，来改善如今上失去大德、下失去众心的现状：

一是“正己以收人心”。李纲指出，花石纲、造作局等危害社稷之举要废除，停止大兴土木，节省各种费用，请徽宗约束自己，做出表率，让每件事情都归于“礼”，提高自己的修养，使人民安乐。

二是“听言以收士用”。李纲指出，一直以来，徽宗身边都是迎合奉承的言论，忠诚、耿直的话都听不进，他要求朝廷广开言路，不拘一格选用人才。

三是“蓄财谷以足军储”。李纲指出，往日奢靡浪费，如今要集中全国一切财力，用在军需上；国难当头，“宰执文武百官”的俸禄可减半；鼓励京城中的富户为国捐输，等战争平定以后，再予归还；把筹集的款项，送到江南收购粮草，运往京城，以资军用。

四是“审号令以尊国势”。李纲指出，号令是一个国家的纪纲，朝廷应克服朝令夕改的弊端。凡是有重大决策下达，诏令颁布天下，就要坚决实施。

五是“施惠泽以弥民怨”。李纲指出，连年灾害和战乱，黎民百姓苦不堪言，他请求免除百姓历年欠交的租税，停罢高利贷盘剥，“庶使民心要妥”。

在奏疏中，李纲又提出抗金救国十策：选拔有智谋权略的、能让天下信服的人为大帅；选派鸷勇有谋的将领镇守战略要地；招募民兵协同抗战；在京城附近州县布兵防守；在京城筹备军费，以济急用；在全国各州县选拔军事人才，授其职务，使他们有权领兵抗战；招募有胆有识、能言善辩的官员前往金兵军营议和，延缓金兵南下；动员河北、河东各州县的百姓坚壁清野，让敌人一无所获，迫使金兵难以持久；派兵控制要道，切断金兵粮草运输供应；诏令陕西、河东等路宋兵加强战备，防止西夏军队乘虚而入。

李纲的奏疏可谓字字珠玑，每一条谏议都切中要害。

十二月二十日，太子赵桓被任命为开封牧。宋时的开封长官，并不是个常设的职务，而是时有时无、因人而设。凡在这个位置上的人，一般都是亲王，而且后来都做了皇上。现在赵桓领了开封牧，其中含意不言自明。

这时，举国上下，朝野官民，各抒己见，一致要求朝廷改革弊政，抗金救国。徽宗亦急得团团转，小小的一个中山府，能抵挡得住几日？惶惶之中，他想起资政殿大学士宇文虚中，宇文虚中是个相当有文才的人，诗名满天下，对当前局势曾有明智的分析。徽宗急召宇文虚中前来商议，命宇文虚中负责起草“罪己诏”，算给天下一个交代。

## 刺臂上书

东京危在旦夕，李纲忧心如焚，为了挽救危机，他主张徽宗禅让，由太子赵桓接替皇帝位，统领全国军民抗金保国。李纲素来与给事中吴敏“厚善”，这天夜里，李纲拜访吴敏，坦露心迹。

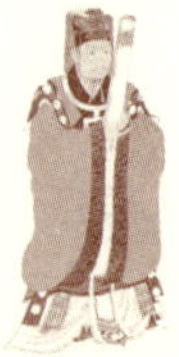

一见面，李纲直切主题：“如今外有强敌，内有六贼，上下不和，人心不一。只有除去六贼，才能聚集四方的力量御敌。”吴敏急切问道：“怎么样？”李纲继续说：“皇上如果不去位，六贼的地位坚固。我以为，要传位于太子，才能安定人心，才能召集天下豪杰。”吴敏是位因循守旧的官吏，胆小怕事，听罢大惊：“此事不可随便议论，恐怕会大祸临头！”他面露难色，谨慎问道：“监国可以吗？”李纲霍地起身，慨然道：“为宗庙社稷，我们应对皇上陈述利害。假如皇上采纳，国家可转危为安，天下后世，会对我们感激不尽！”李纲的一番话，说得吴敏难以安坐，他立刻决定，明早面见皇帝，伺机进劝阻之言。吴敏决心既下，当夜与李纲经过一番推心置腹的计议，就传位太子、抗金救国上取得一致意见。

汴京城外，金军的鼙鼓似乎已遥遥响起；城内，朝臣们纷乱如麻，徽宗心里不踏实，紧急召大臣到都堂问计，看大家有什么好主张。就在徽宗神色恍惚地带着诸大臣去都堂时，吴敏看好时机，上前一步拦住圣驾，禀报：“太常李纲机智刚正，忠义许国，才堪大用。他自称有守城奇谋、定国妙计，望陛下予以召见。”徽宗正发愁，有人能解燃眉之急，当即喜出望外，马上同意召见李纲。

李纲接旨后，大为振奋，当即脱衣露出左臂，刺血写了一封奏疏。这封奏疏李纲以墨和血写成，殷切恳笃，劝徽宗不要急于逃跑，要有抗敌的决心。他提出御敌之三策：上策为亲征，中策为坚守，下策是避敌而走。他认为下策虽能解一时之急，但后患无穷。李纲还谈到了要给太子正式名号，现在大敌当前，天下震动，国家存亡在一线之间，太子若以监国身份领导军民御敌，名分不正：

> 皇太子监国，典礼之常也。今大敌入攻，安危存亡在呼吸间，犹守常礼可乎？名分不正而当大权，何以号召天下，期成功于斤一哉？若假皇太子以位号，使为陛下守宗社，收将士心，以死捍敌，天下可保。

李纲心知，在奏疏上与皇帝谈论交权、让位的问题，是有极大风险的。他最后写道："臣有愚计，顾恐陛下不能行之，臣今日言之，倘不契圣意，必死于斧钺；不言之，异日祸败，必死于乱兵，与其死于乱，不若死于国。"一封奏疏，字字可见李纲的赤胆忠心。

十二月二十三日，徽宗召见李纲，当他看罢李纲那慷慨激昂、义正词严的血疏，羞愧交加，一时无语，他思忖片刻，决定采纳李纲的建议，"传位东宫"。十二月二十四日，皇太子赵桓在百官拥戴下，登上皇帝位，为宋钦宗。次年改元"靖康"，赵佶被尊奉为教主道君太上皇帝，退居龙德宫；授李邦彦为龙德宫使，蔡攸、吴敏为副使；派遣给事中李邺为使臣，前往金国通报宋廷内禅，要求议和。

即位的钦宗听从执宰们的意见，下令梁方平率领禁军精骑七千，前去守卫黎阳；又指派河北、河东路制置副使何灌带兵两万去扼守黄河。军事部署完毕，钦宗马上召见了李纲，讨教安邦定国之计。随后任命李纲为兵部侍郎，这一任命，标志着李纲从此步入朝廷的政治中心。

李纲叩谢过后，当场向钦宗递交了一封奏疏。李纲在奏疏中痛斥“六贼”误国害民，“制造边防事务，是致祸的根源”，请求钦宗“上应天心、下顺人欲”，除掉“六贼”，那样的话，人心大悦，夷狄就不难抵御了！这时的钦宗也算从谏如流，在太学生、李纲、吴敏等人的要求下，诏令斩杀王黼、免职朱勔、贬谪梁师成。

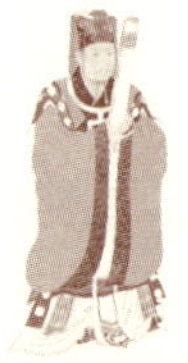

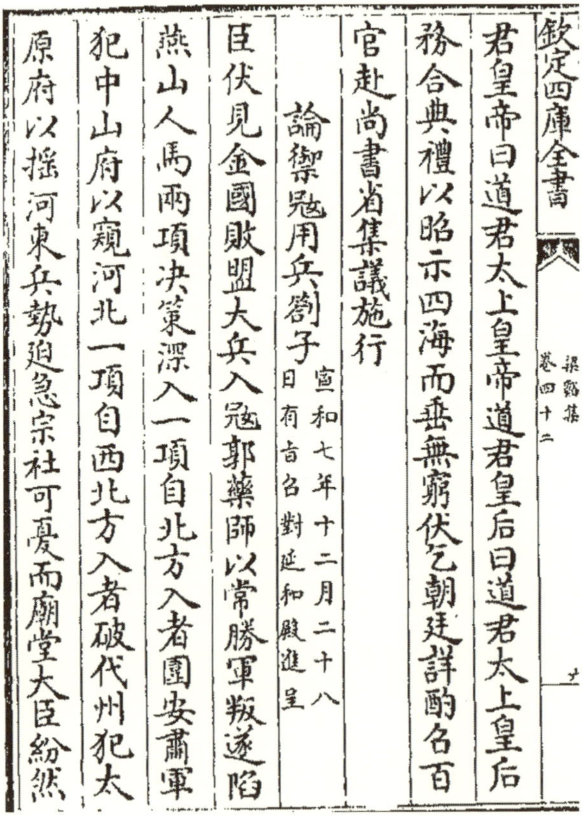
欽定四庫全書 梁谿集 卷四十二

君皇帝曰道君太上皇帝道君皇后曰道君太上皇后務合典禮以昭示四海而垂無窮伏乞朝廷詳酌名百官赴尚書省集議施行

論禦寇用兵劄子 宣和七年十二月二十八日有旨召對延和殿進呈

臣伏見金國敗盟大兵入寇郭藥師以常勝軍叛遂陷燕山人馬兩項決策深入一項自北方入者圍安肅軍犯中山府以窺河北一項自西北方入者破代州犯太原府以搖河東兵勢迫急宗社可憂而廟堂大臣紛然

《论御寇用兵札子》

十二月二十八日，钦宗又下旨召见李纲，这次，李纲向钦宗进呈了著名的《论御寇用兵札子》，纵论金军入寇以后的局势和对策，显示出他很不一般的战略眼光。他说，金国知道宋廷内禅，必定同意议和，议和条件不外乎五个方面：要求“尊大之礼”，也就是要求宋廷承认金国的皇帝之尊；索要叛民；想要多加一些“岁币”；责备我方首先败盟的责任；欲割河北之地。为了拖延时日，等待各地勤王之兵前来援救京城，李纲认为前四项议和条款可以酌情答应，唯有第五项割地的条款不能答应，他说：“祖宗境土，为人子孙当固守之，虽尺寸之境，岂可割以遗人？夫彼之贪婪无厌，没使割地复有所求，将何以赂之？”他认为，一旦割让河北，险地就尽在对方手中，则将“何以立国”？李纲提议，关于第五项条款，可选择善辩之士，以死争之。

兵势迫急，李纲针对当前战守、统兵、募兵、钱粮、兵器、情报等方面提出二十条建议。他对抗击金军的战略设想，总体上是一个“守”字，金军大军深入，战线过长，人地生疏，不可能久留。宋军只要坚持“固守之策”，金军早晚会狼狈撤退。他提出招募士兵与民夫，广张声势，屯兵在要害地段，坚壁深垒，不与争锋。他在奏疏中对今后应做的军事部署，说得详尽、透彻、周密，令人惊叹，钦宗全部采纳他的意见。

正月初二，前线突然传来败报：斡离不大军一举攻陷了相州、浚州，宋军一夕溃散。占领相州后，斡离不就派部将迪古补带了一小队骑兵前去骚扰黎阳，那梁方平闻报后上城去观望，见敌骑远远而来，竟然吓得魂飞胆丧，下了城楼就开门出城，打马向南一路狂奔，城里的七千禁军骑兵原本就心存畏惧，主帅跑了，其他人哪里还待得住，一夜之间，竟逃得干干净净。驻守在南岸的守桥宋军，见前方部队莫名其妙逃散，又见金军旗帜自天际遥遥而来，也是吓得不轻，急忙烧断了浮桥，望风而逃。一夜之间，黄河南岸竟无一兵一卒守卫。何灌阻拦不住溃兵，只得跟着也退了下来。

金军来到黄河边，被湍流挡住，只见黄河两岸空无一人，他们沿着河岸，寻出了二十多艘小船，从从容容地渡过了河。



一河之险，能胜过雄兵百万，宋军不战自逃。金兵一过完河，立刻纵马疾驰，进占宋军弃守的滑州城，接着又直扑汴京而来。



## 保卫东京

何灌逃回东京，钦宗知悉金兵已渡黄河，急忙下诏亲征，启用李纲为亲征行营使，吴敏为亲征行营副使，聂山参谋军事。

当日深夜，太上皇命蔡攸为上皇行宫使，宇文粹中为副使，以“烧香”为名，带着后宫姬妾子女，由童贯的二万名亲军护送，逃出东京，“于是百官多潜遁”。

金兵迫近，太上皇南逃，满朝大臣莫衷一是，主战、主和、主守、主走，犹疑不定。

元月初四，宋君臣聚集一起磋商对策。太宰白时中、少宰李邦彦主张“出狩襄邓间”，以避敌锋。李纲认为事关重大，向钦宗奏道：“道君皇帝将固守京师之大任托付于陛下，今敌人还没到，就将京师放弃合适吗？”钦宗顿时哑然，沉默不语。

白时中道：“都城不可守。”李纲坚定地说道：“天下城池，没有一座城池比得上京师的城池坚固，京城内又有百万军民，怎么可以放弃呢？若能激励将士、安抚民心，怎么会守不住呢？”

正在争论间，内侍陈良弼从内殿出来，禀报说京师城楼修缮非常缓慢，尤其城东樊家岗等处，壕浅沟窄，很难防守。钦宗听了，又是一阵心悸，赶紧派李纲等人前去视察。

过了半晌，李纲回来，向钦宗禀报，他胸有成竹，京师城墙高峻坚实，各处城楼虽尚未修好，但无关紧要。四周壕河，既宽且深，只有樊家岗一段河道，只要派精兵强弩据守，无须担忧。钦宗遂问：“策将安出？”李纲果断回答：“时至今日，没有别的方法，只有整军备战，激励士卒，准备御敌。此外，应召集城中百姓协力守城，等勤王大军到，合力歼敌。”钦宗又问谁能担任领军大任。李纲回答：“朝廷以高爵、厚禄崇养大臣，为的是在有事的时候可用。白时中、李邦彦虽是文臣出身，但以大臣之尊，召集军民御敌，是他们的职责！”白时中听到要让他领兵作战，十分恼怒：“李纲莫能将兵出战吗？”

“陛下假如不认为我无能，责令我守城，我当万死不辞！”李纲用铿锵有力的回答回应了白时中的责难。于是，钦宗授李纲为尚书右丞。

下午，钦宗又召见大臣议事，继续讨论“去留之计”。朝臣们仍是畏敌如虎，力劝钦宗早走为上。李纲以唐明皇“幸蜀”的历史教训劝谏钦宗，出幸会造成京城军民混乱、社稷临危的后果，这番话，说得切中要害，钦宗虽然有所醒悟，但对坚守仍然不抱信心，这时内侍王孝竭在一旁奏道：“中宫、国公已行，陛下岂可留此！”钦宗一听，神色大变，他哭丧着脸，想把京城的军务全部委托给李纲，自己外逃，李纲冒死向前，极力劝阻。

正在混乱间，燕王和越王两位亲王来到殿上，也表示要固守京城，听了他们的话，慌乱无主的钦宗这才稍稍稳住了心神。他命人取来纸笔，御书“可回”二字，盖上玉玺，派宦官去追回皇后和国戚们。

敌骑不远，军情急如星火，当晚李纲宿于尚书省，连夜筹划各处防守。可是，当晚钦宗又变卦，决意放弃京城。次日凌晨，李纲从尚书省衙门上朝，但听得百姓议论纷纷，说朝廷欲南狩，不禁愕然！赶紧赶至宣德门，却见整装待发的禁军士卒排列整齐，李纲厉声问道：“你们是愿意守住宗庙和社稷？还是愿意出逃？”禁军齐声高呼愿意以死守住宗庙和社稷。

见军心尚可用，李纲为之一振，决心力挽狂澜。他拉着殿帅王宗濋等人进殿，郑重地说：“六军将士的父母妻小都在东京，怎么会舍得离去？万一士卒在出巡途中散归，谁可护卫朝廷？一旦金兵追来，如何防御呢？”钦宗这才有所感悟，“遂命辍行”。在众人的拥护下，钦宗登上宣德门，李纲向禁军宣示皇上的旨意：“上意已定，敢复有言去者斩。”六军将士群情激奋，齐声欢呼。

钦宗决定布防，命李纲为亲征行营使，又将贪生怕死的白时中罢相，以李邦彦为太宰，张邦昌为少宰，吴敏知枢密院事，赵野为门下侍郎，王孝迪为中书侍郎，蔡懋为左丞，耿南仲为同知枢密院事，建立了一个战时的指挥中枢。

这一年的冬天十分寒冷，汴京城头阴云惨淡。初五一早，李纲登上城楼望去，整个汴京城笼罩在灰蒙蒙的晨霭中。李纲向来信奉“天下无不可为之事”，对汴京的城防，他心中还是有数的。

四面城墙的防守器具，在当天就开始完善补充，所做的布置有修城楼、挂毡幕、安炮座、设弩床、运砖石、施燎炬、置礌石、备火油等，“无不毕备”。在兵力部署上，以百步为一段，任命宗室和武将为提举官，“分地以守”。京城的四面墙，每一面部署正规军一万二千人，另有保甲人员、居民、厢兵辅助；城中另外还有马、步军四万余人，李纲将他们集合起来，编成前、后、左、右、中五军，每军八千余人，前军驻守在通津门外，保护延丰仓，后军驻扎在朝阳门外，据守樊家岗，左、右、中三军，留驻在城中，作为后备部队。

李纲没日没夜地忙了三天，汴京城的布防初具规模。为了自己能有一件合意的、能够防身御敌的兵器，李纲特意吩咐都作院打制了一柄锏，并在锏身近柄处错金篆书“靖康元年李纲制”7

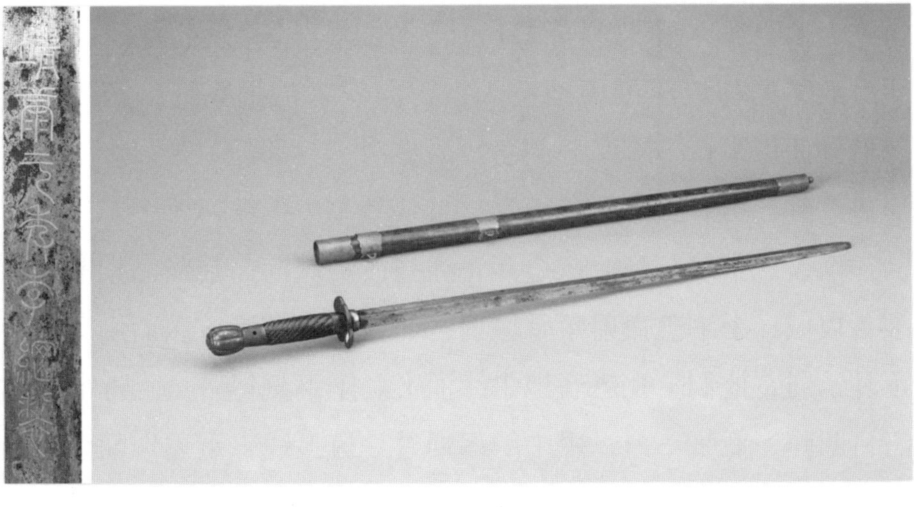

李纲锏，福建博物院藏

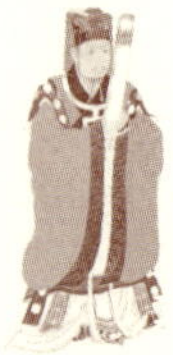

个字。

初八一早，金兵便陈兵城下，扎寨在城西北隅的牟驼岗。

金军当晚就开始攻击宣泽门，“以大火船数十，顺流而行”，企图接近水门时一举点燃，烧掉宣泽门的城楼。李纲亲临阵前，坐镇第一线指挥，他当场征募敢死士两千人，将拐子弩布置在城下，严阵以待。此时的汴河中，已插下了密密麻麻的木桩，守军还将山石叠放在城门的门道里，令敌军的火船无法靠近。金军的火船一路驶来，红光满天，李纲从容不迫，一声号令，城下的两千死士一跃而出，用长钩把船钩住，城上守军投下大石，金兵纷纷落水，溺死不少，“杀虏数千人”。这一场恶战，从夜幕降临直打到天亮，金军的气焰被打掉，败下了阵去。

此时，张元幹、邓肃等挚友皆入李纲帅幕，他们与李纲一道冒矢雨，亲临城上指挥杀敌，与敌兵日夜浴血奋战。张元幹以“城守麾强弩，诸班果翕然。云梯攻正急，雨箭勇争先。中夜飞雷砲，平明破火船”这样的诗句记录下这千钧一发的时刻。

敌军退却，李纲便抽空入宫，向钦宗汇报军情，正奏事，忽然外面传报：金军又开始急攻酸枣门、封邱门一带。李纲感觉形势严峻，担心城上兵员不足，就从禁军中选派一千多名弓箭手前往增援。李纲赶到时，金兵正在强渡护城河，前锋已架起云梯准备攻城，李纲急命射手登城射之，城下金兵皆应弦而倒。金兵不甘示弱，他们争先恐后地攀缘而上。李纲觑得一金兵近前，他怒目圆睁，低吼一声，手中的锏划过一道弧线，重重地朝金兵脑袋砸下，一声惨叫，金兵跌落无踪。城上士兵见大帅亲临战场，个个神勇，他们对付攻城的金兵，近者以神弓手强弩直射，远者用床子弩、座炮痛击，酸枣门上，一时万箭齐发，硝烟蔽日。在如此密集的火力之下，金兵伤亡惨重，有乘筏渡濠被溺死的，有登梯坠落而死的，有中刀箭倒毙的。李纲“又募壮士数百人”，缒城而下，烧毁金军云梯数十座，这百名死士还“斩获酋首十余级”。当天，金军同时进攻陈桥、封邱、卫州等门，金军射来的箭杆集于城上，有如猬毛，宋军士卒多有受伤者，李纲下令通通厚赏之。金军多次组织强攻，突击点也多次变换，但均遭痛击，死伤枕藉，这一仗，宋军共杀死金兵数千。斡离不这才发现宋军“守城有备，不可以攻”，只好下令退兵。



冬日的汴京城外，残阳暗淡的光芒下，金军数万铁骑丢盔弃甲、蓬头垢面、狼狈不堪地卷旗而去。“贼兵退了！”城上城下，军民一片欢呼声，大家奔走相告，妇孺皆有喜色。满含胜利喜悦的张元幹写下《丙午春京城围解口号》：

戎马来何速，春壕绿自深。
要知龙虎踞，不受犬羊侵。
九庙安全日，三军死守心。
傥为襄汉幸，按堵见于今。

钦宗虽然在李纲的力阻下不曾弃城而走，但他对抗金守土并没有坚定的信心，仍如热锅上的蚂蚁，恨不得一时三刻息兵；宰执们更是望眼欲穿，希望早日和谈。初九日，金使随同李邺来到宋廷谈判。初十日，钦宗召见金使完毕，同意议和，李纲请求出任这次谈判的和议使。钦宗一惊，当即表示不许，说：“卿方治兵，不可命。”他任命李棁作为此次谈判的正使，郑望之、高世则为副使。等宰执们都退下去后，李纲独自留下，问钦宗为何不

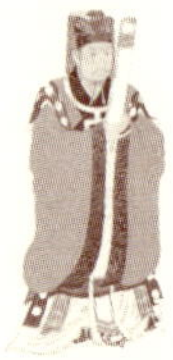

派自己出使，因为李纲知道李棁性情懦弱，怕误了朝廷大事，钦宗说：“卿性刚，不可以往。”李纲认为宗社安危，在此一举，再次要求出使金国谈判，但钦宗依然不准。

李纲对议和使的担忧不幸言中，以李棁为首的议和使团，果然有辱使命。李棁一行人，战战兢兢地抵达金营，只见斡离不态度傲慢，南向而坐，两旁军士，手执刀枪，戒备森严，李棁等人吓得胆战心惊，北面再拜，膝行而前。第二天，斡离不让王汭把事先拟好的条款交给宋使，李棁接过清单一看，大气也不敢出，议和条款规定：

一、北宋输金国犒师之物，金五百万两、银五千万两，绢、彩各一百万匹，马、驼、驴、骡之属各以万计。

二、宋帝赵桓尊称金国皇帝为伯父。

三、割让中山、太原、河间三镇之地。

四、须以宰相、亲王各一人为质。

李棁面对如此苛刻的条件，却不敢作任何交涉，唯唯退下。金人都不屑地嘲笑“此乃一妇人女子尔”。自此，金国越发轻视宋廷。

元月十一日，李棁一行人返回，汇报了和议的情况，宰相李邦彦、张邦昌听后，大为震恐，他们不约而同地表示答应所有屈辱条件。李纲坚决反对，他据理力争：太原、河间、中山是国家的屏障，割让了，国家还能存在？李纲提出，先派遣干练的使臣与金国磋商，拖延数日，到时四方勤王之兵齐集都城，就不怕金兵不退。李邦彦等人不以为然，都说汴京城破在即，性命都没了还谈什么三镇，至于金币之数，根本不足挂齿。

钦宗在朝臣们的争论中，茫茫然没有主意，他被李邦彦等人“所惑”，不听李纲忠言，决意接受金国议和条款。钦宗以李纲处理军务要紧为由，支走李纲，同时派遣沈晦陪金使出城，这昭示宋廷接受金国所有议和条款。李纲知道此事时，已经来不及阻止，“誓书已行矣”。

金国一面勒索金银财帛，一面以武力相逼迫，相继攻打天津、景阳等城门，李纲亲冒矢石，守城抗金。经过一天鏖战，“斩其将校十余，杀其众数千人，何灌力战而死”，金兵在宋兵的反击下，直至黄昏方才退去。

为了履行议和条款，钦宗当日即避正殿，减常膳，同时下诏全国上下捐输救国。为搜括东京城内金银，上至王公贵族，下至平民倡优，“乘舆服御、宗庙供具、六宫官府器皿，皆竭取”，仅得金三十万两、银八百万两，东京城内，鸡飞狗跳，黎庶难安。议和的第四条款让钦宗头痛不已，该选派哪位亲王为质呢？这时候，康王赵构挺身而出，毅然请行，自愿去做人质。钦宗如释重负，马上任命康王为军前计议使，令张邦昌、高世则为副使。

元月十五日起，静难军节度使种师道、武安军承宣使姚平仲等勤王之师接踵而至，有时甚至一日到达数万人，声势颇为浩大。李纲在京城四壁分别设置了统制官，召集勤王军，“给刍粮，授器甲，立营寨，团队伍”。

钦宗在崇政殿接见前来勤王的宋军将领，商议国事。种师道是爱国将领，“宿将，有重名”，素来受敬重，他的意见与李纲一致。为了更好地打击金兵，李纲认为勤王部队应该有个统一的

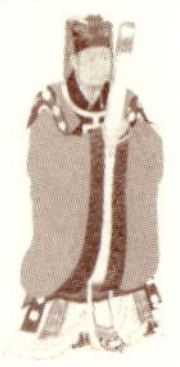

指挥体系才好，于是上奏，希望钦宗给予统一指挥宋军的权力。但是，受到佞臣蛊惑的钦宗偏偏另设宣抚司，授种师道为宣抚使、姚平仲为都统制统领各路勤王军，与李纲部分开作战，互不节制。临敌打仗，这样削弱自己力量的做法，让李纲不能不“窃忧之”。

勤王军齐集汴京，钦宗才有了点底气，他一反常态，急于与金兵决战。元月二十七日，钦宗召集李纲、李邦彦、吴敏、种师道、姚平仲等人，讨论如何用兵。因为对“以逸待劳”与“速战速决”持不同意见，大臣们争执不下。老成持重的种师道支持李纲“以逸待劳”的主张，即利用有利地势，坚壁据守，切断金兵的运输线，待到金兵粮尽人疲，可一举击之。但年轻气盛的姚平仲提出了“和，则不必战；战，则应从速”的主张，要求提前出击。

姚平仲是有勇无谋之辈，他踌躇满志，立功心切，于二月初一晚间率领步骑兵一万人去劫金人营寨，这一谋划，私下里得到钦宗的首肯。但是姚平仲谋事不周，这等军事机密却被金兵哨探打探得一清二楚。三更时分，长夜寂寂，没有事先探听虚实的宋军冲进金兵军营，发现是座空寨，情知中计。只听一声号炮响起，登时箭如雨下，金军伏兵从四面跃起，铺天盖地般杀来。金营四周遍布陷阱、壕沟，将士们虽然抱着必死的决心，怎奈势不由人。

这天深夜，李纲卧病在家，突然接到钦宗手谕：“姚平仲已举事，卿速援之。”李纲赶紧召集三军，等赶到幕天坡，正遇偷营失败的宋军溃散而来，李纲稳住阵脚，先抽出一部分兵力，去援救范琼、王师古，“斩获甚众”；金兵冲击中军时，李纲率将士，以神臂弓还击，李纲身先士卒，他无视强敌环伺，抡起手中的锏，左右挥舞，英勇冲杀，只听得急促的风声呼啸不已，终于逼退金军。直到天明，李纲才收兵回城。

姚平仲“夜袭金营”失利，钦宗、李邦彦等人惊惧万分，朝中主和派乘机发难，他们借口姚平仲败逃，造谣宋军全军覆灭。斡离不退回营寨后大发雷霆，他召见康王赵构、张邦昌，“诘责用兵违誓之故”，张邦昌吓得痛哭流涕，康王赵构神态自若，赵构的镇定反让斡离不生疑，以为赵构是将门之后冒充亲王为人质，他派王汭为使，指责宋廷“背信弃义，破坏和议”，还要求更换人质。

钦宗被吓破了胆，由“愤怒”转为“震恐”。这时，有人在朝议时主张：都是李纲、种师道惹的祸，应把这两个祸首绑赴金营，交由金人处置。钦宗轻信谣言，又慑于金国的压力，遂下诏，罢免李纲的尚书右丞和亲征行营使两个职务，以蔡懋代之；种师道也被罢免了宣抚使的职务。

## 伏阙上书

李纲、种师道被罢官的消息很快传遍京师，军民闻知，无不悲愤莫名，强烈不满的背后是对朝中主和派的深恶痛绝。

二月初五，汴京军民积蓄多时的愤怒终于爆发了。一大早，春阳高照，一片寂静之中，传来杂沓的脚步声。原来是千余名太学生在陈东的率领下，伏阙上书来了，但见青衫一片，人头攒

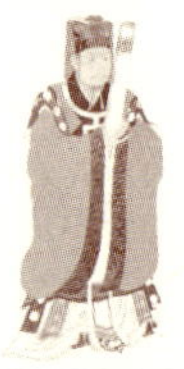

动。陈东奏疏里写道：

李纲奋勇不顾，以身任天下之重，所谓社稷之臣也。李邦彦、白时中、张邦昌、赵野、王孝迪、蔡懋、李棁之徒，庸缪不才，忌嫉贤能，动为身谋，不恤国计，所谓社稷之贼也。陛下拔纲为执政，中外相庆，而邦彦等疾如仇雠，恐其成功，因缘沮败，归罪于纲。夫一胜一负，兵家常势，岂可遽以此倾动任事之臣！且邦彦等必欲割地，曾不思河北实朝廷根本，无三关、四镇，是弃河北也。弃河北，朝廷能复都大梁乎！又不知割地之后，邦彦等能保金人不复改盟否也？……邦彦等不为国家长久计，又欲沮纲成谋以快私愤。罢命一传，兵民骚动，至于流涕，咸谓不日为敌擒矣。罢纲非特堕邦彦等计中，又堕敌计中也。乞复用纲而斥邦彦等，且以阃外付种师道。宗社存亡，在此一举！

这份奏疏，把时局分析得透彻，公忠体国之心溢于言表。

东京军民，知悉太学生伏阙上书，不约而同赶来声援，宣德门广场“不期而集者数万人”。整个汴京沸腾了！人们在街上，虽互不认识，也击掌誓约：“今若不见李右丞、种宣抚复起，死不罢休！”钦宗吓得不轻，赶紧派吴敏出面劝谕，太学生得到答复想退去，但愤怒的军民哪里肯同意，围住了太学生，声明一定要见到李纲、种师道再说！

这时，李邦彦退朝，遇见这种场面，一下子竟呆住了，他面如死灰，拔腿就跑，众人一边追赶李邦彦，一边痛骂，并想要殴打他，“邦彦疾驱以免”。一些正直的官员遇见此景，心中颇为感怀，有的打马来到陈东面前，执鞭作揖道：“诸生之举，忠义两全，令人不胜钦敬！”有的官员远远站着，静静观望。时近正午，民众情绪愈加激动，引起一阵骚乱。钦宗这才知道事情不好，吓出了一身冷汗：外患未已，怎么又添了内乱啊！开封府知府派了几十名差役前来弹压，被声势浩大的民众赶走。钦宗如坐针毡，估计不请出李纲不能了事，于是赶紧派人宣召李纲与种师道。刚开始，李纲很惊惶，“固辞不敢行”，但宣召的人络绎不绝，催促甚急，他只好上马入宫。当看到李纲和种师道来到宣德门，军民欢声雷动：“果我公也！”随之散去，李纲与种师道复职。

李纲复职后，重新部署了京师的防卫力量，当晚，李纲就住在咸丰门，彻夜指挥城防。在李纲罢职的一段时间里，城防是由蔡懋负责的，他一向反对坚守抗战，一上任，就命令撤下了协同守城的“保甲”，下令金兵来攻时，不能反击，“有引炮及发床子者，皆杖之”。宋军将士十分愤怒，眼看着金兵如潮水般涌来，架起云梯准备登城，却不能反击。危急时刻，李纲赶到，他下令不管用什么办法反击，只要能杀死敌人一定重赏。顿时，宋军士气大振，个个奋勇杀敌，城上万箭齐发，打得金兵措手不及。金兵先前得知李纲罢官，气焰嚣张，没想到李纲又回来了，于是“奄忽遁无一人”。

## 备边御敌

金人攻城一个多月，人困马乏，又知悉李纲、种师道复职，东京守备坚固，想攻进东京几乎无望，于是派了王汭入城，要挟

宋廷实施合约条款，改换人质。在得到三镇割让之诏后，二月初十，斡离不裹挟着人质肃王赵枢，退师北归。

二月十二日，钦宗下诏大赦天下，历经三十三天的东京保卫战，在“惨胜”的气氛中落下帷幕。

东京解围，金兵北撤，李纲主张派遣宋兵随后追击，但钦宗与李邦彦极力反对。时过三日，在李纲再三请求发兵下，钦宗同意李纲派兵护送金兵出境。当日，李纲就派遣姚古等将领，带领十万大军，数道并进，紧紧地咬住金军跟进。李纲还嘱咐众将说：“若便利可击，即击之！”将士们听了，都踊跃而行。但钦宗又被奸相李邦彦迷惑，李邦彦便叫人在河东、河北及黄河两岸，遍竖大旗，上书：“有擅兵者，并依军法。”同时命令宋军退兵。将士们在途中接到军令，无不惋惜，痛骂李邦彦这贼子误国。眼看着金兵掳掠不可胜计的妇女、物资、财宝满载而去，种师道摇头感叹：“异日必为国患。”李邦彦的卖国行径，人人切齿，在朝中正直大臣的弹劾下，钦宗罢免他的太宰之职，起用东宫旧官耿南仲。耿南仲纠集唐恪等一批朝臣，结为死党，极力主张议和、与金国妥协，处处打击、排挤以李纲为首的主战大臣。

而避祸东南的徽宗因为与钦宗音信未通，受到亲信的挑拨，父子二人起了罅隙，互不信任，东京城内谣言百出，有说徽宗欲复辟的，有说童贯谋叛的，让钦宗警觉起来。耿南仲、唐恪怂恿钦宗率兵南下，李纲极力阻止，外患未平，国内需要安定团结，他主张把徽宗迎回东京奉养。经过李纲劝谏，钦宗停止调兵遣将，转派李纲前往迎接太上皇回京。

李纲赶至徽宗处，详细说了钦宗的孝心与思慕上皇之情，表达了钦宗愿以天下养太上皇的意思， 徽宗听了，泪流数行下，叹道："皇帝仁孝，天下所知。"太上皇诘问二十多件事，李纲谨慎、认真地一一作答，终于打消了太上皇的猜疑，决定回京，他对李纲说道："卿辅助皇帝、捍守宗社有大功，若能调和父子间，使无疑阻，当遂书青史，垂名万世。"李纲圆满完成使命，成功打消了徽宗对儿子的疑虑，同时也促使徽宗做出了不再干涉朝政的表态。

李纲斡旋徽宗父子，受到钦宗的赞赏，却引起了"新贵"耿南仲的嫉妒，两人自此产生矛盾，水火难容。太上皇安然回京后，耿南仲便发动对李纲的攻击，诬陷左司谏陈公辅"乃二月五日为李纲结构士民伏阙者"，这是隔山打牛的方法，旨在扳倒李纲。李纲怒火填膺，请求钦宗对"伏阙上书"事件进行查处，钦宗偏袒耿南仲，只是好言劝慰李纲而搪塞过去。

金兵撤，徽宗回，钦宗认为从此天下无事，可以"马放南山，刀枪入库"了，他把金国的威胁放在脑后，举朝上下又恢复文恬武嬉的状态，一片欢乐祥和。唯有李纲深感忧虑，他认为秋后金兵定卷土重来。

斡离不率领的东路兵虽然退去，但粘罕率领的西路兵依旧在太原掳掠杀戮，肆意骚扰。二月中旬，西路兵相继攻取忻州、代州，随之进入南北关，攻下隆德府，进入高平。金人毁约，钦宗为迎战，擢升吴敏为太宰、徐处仁为少宰、李纲为知枢密院事、许翰为同知枢密院事。诏令三镇宋军：种师道为河北宣抚使，驻滑州；姚古为制置使，领兵援救太原；种师中为制置副使，增援中山、河间等地。

为增强防御能力，李纲上书，进奏《备边御敌八事》，提醒钦宗防患于未然。李纲认为，唐代藩镇虽然有尾大不掉的弊病，但能有效拱卫京师，因此提出在太原、中山、河间“建为藩镇”，选择有才干的统帅，承诺他们以世袭的方式收租赋养将士、习战阵，做到互为唇齿，抵御金人，就可以消除“深入之患”。沧州、宜分、滨棣等州县也按照“藩镇”建制，就能有效保卫京城，“有藩篱之固矣”。

在河北、河东地区，恢复“熙丰”以来的保甲制度。这两地的保甲人数众多，经过“燕山云中之役”，逃亡流散，应该把他们团结起来，训练武艺，成为一支地方武装，抗金守土。

恢复养马制度。在陕西、河东、河北水草丰美的地方，发展养马事业。

整治水利、疏通河道，李纲提出修复河北塘泺，还特地为此事写了份奏章，塘泺是宋在河北的一项国防工程，后因“州县习玩，岁久隳坏”。李纲提出修复塘泺，旨在恢复太宗端拱以来塘泺所起的作用，设置要隘，阻止“戎马”；进行屯田，供给军粮；有利运输，供给军资。

金兵袭扰，州县城池“多隤圮堙塞”，李纲提出修缮、加固，增置楼橹，备足火炮、弓箭等武器。

连年灾害侵袭，再加上金兵洗劫，河东、河北的百姓身处水深火热之中，李纲提出朝廷应“优免租赋，以赈恤之”，从而安定人心。

粮食为兵民之本，朝廷应采取措施，使得“积蓄丰衍”，只有粮草充沛，才能养兵守土，有效对抗金兵入侵。

所有的一切，都离不开财富的支撑，李纲提议“煮海”，发展盐业，解决河东、河北、陕西等地的食盐问题。

钦宗把李纲的建议下发，让朝臣们讨论，大家七嘴八舌，莫衷一是。结果，仅有减免河北、河东租税一事得以施行。

不久，少宰吴敏建议，设置一个“详议司”，任命李纲、吴敏和徐处仁为提举官，主持改革弊政。可是没两天，耿南仲便提出种种非议，因此“详议司”之议没得到钦宗支持，无法实施。吴敏气得上表请辞，钦宗又不允，李纲看不过去，上奏道：国家在艰难之时，应该刷新朝政，告慰天下人的期望。但朝廷懈怠，一日复一日，从未听过有变革的举动，现在置详议司讨论改革，又忽然罢之，如今边防诸事也很粗疏，物资供应都不能保障，应该对当前爵禄过滥、花费国家财产太多的人加以裁抑，以足国用，这才是朝廷施政事务最需要解决的问题。不久，在耿南仲的蛊惑和谗言下，钦宗疑忌李纲深得民心，就废除了详议司，停止改革。为了排挤、打击以李纲为首的主战抗金将领，耿南仲及唐恪借口种师道年老，解除其兵权。接着，又在京城的通衢大道上张贴公告：“知枢密院事李纲陈请裁减下项。”又在东华门悬挂榜文：“守御使司给诸军‘卸甲钱’多寡不均，御前特再行支给，而守御使司初未尝给卸甲钱也。”顿时，东京城内，传言纷纷，李纲“闻之，惊骇莫名”，这诋毁李纲的言论直指李纲担任四壁守御使期间克扣军粮、贪污军饷，摆明置李纲于众矢之的。李纲惊怕之余，连忙四处打探消息，原来有人暗中谗言，李纲深得都城军民之心，只有用这种方法才能“离散之”。

李纲横遭中伤，大为忧惧。五月，主和派借口东京被围期

间，李纲任命两名“武副尉”，弹劾李纲收受贿赂、卖官鬻爵。钦宗不问缘由、不做核实，竟在奏疏上批示“惟辟作福，惟辟作威”“大臣专权，浸不可长”的话。

李纲更加惶惧，便上表为自己辩白：自己在担任亲征行营使及守御使的时候，得旨一切可以便宜行事，还发给空名文武告、敕、帖等三千余道。自置司以来，仅用过三十一道而已，这是遵从上旨，不是专权。李纲面对钦宗的猜忌，又被耿南仲一伙无端攻击、陷害，表示要辞官归田，钦宗怕引起朝野不满，勉强劝慰。

## 宋廷之亡

战、和两派还在朝中激烈斗争之际，粘罕已领兵再度攻打太原，姚古、种师中奉命前往救援，姚古所部顺利收复隆德府，继而种师中所部乘胜收复寿阳、榆次等县后留屯在真定。朝廷得知宋军获胜，让许翰督促种师中限期进兵，种师中老成持重，原不想急进，但受到朝廷指责，无奈轻率进兵，同时约定姚古分道俱进，联合攻击金兵。很快，宋军进驻寿阳石坑，因为粮草不济，仓促应战，局面极为不妙，种师中率部下与金军苦战，五战三胜，并进抵榆次，等待姚古援兵会合。没想到，姚古手下有个部将焦安节，一贯惧敌怯战，他谎报军情，称粘罕已经赶到，姚古心生惧意，未能按照约定与种师中会师。种师中部陷入重围，在被迫撤到杀熊岭时，再次遭到金军重创，在粮草不足、士气低落的不利形势下，几乎全军溃散。种师中身边最后仅剩百余将士，种师中身中四创，仍裹伤力战，最终为国捐躯。金兵乘胜南下，击败姚古所部，姚古狼狈而逃，退守隆德。宋军首次救援太原的行动完全失败，朝野为之震动。

耿南仲接到败报，惊惧万分，劝谏钦宗放弃“三镇”，息事宁人，以图苟安。李纲认为，太原若失，则牵动太大，应派大军再次援救；黄河以北，也应以重兵防守，作为京师的屏障。但耿南仲和唐恪一味主张割地求和，双方争论不休。

耿南仲为了达到向金国乞和的目的，进言让李纲率兵援救太原；钦宗也嫌李纲敢言、多事，于是“纳议者之说”，授李纲为河北、河东宣抚使，“督将士解围”太原。这太出乎李纲的意料，他上了札子乞求致仕：“我只是一个书生，并不熟谙兵事，在围城中是迫不得已。现在做大帅，恐怕难胜任，会误了国事。”钦宗不许，“且督令受命”。这时，以耿直著名的台谏官余应求、陈公辅等相继上书：“纲不可去朝廷。”钦宗认为这是“为大臣游说”，一一加以训斥，此后，台谏再无敢言者。

李纲进退两难，面临十分艰难的选择。这时有与李纲相善者提醒：派你去太原，不是为“边事”，而是欲借此撵走你。你若坚卧不起，谗言者就会更加放肆，说你欺君。许翰则书“杜邮”两字，暗示李纲有杀身之祸，李纲悚然一惊，他冷静下来，自己与其死于小人之谗，还不如死于敌寇之手。于是起而受命。钦宗见李纲态度转变，很高兴，亲手抄录了《裴度传》赐给李纲。

李纲请求朝廷拨两万人马及军需银、绢、钱各百万，但是，朝廷仅拨军一万二千人、军需费用二十万，限他六月二十二日率兵出发。李纲为此上奏：战争主要靠的是战马，现在战马奇缺，

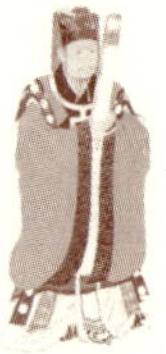

军容不整，请求搜罗京城民间马匹，按价补偿，可得数千匹。但得到的答复是：搜罗匹马事属骚扰，不能施行。李纲唯有窃叹，无可奈何。马不行，兵力也不够，宣抚司的两万人，共分为前、后、左、右、中“五军”，五军中，又有两军是李纲管不到的。由于很多事还没安排妥当、完备，李纲便上奏请求推迟行期，钦宗责问他为何一直拖延不去赴任，李纲极感“惶惧”。

李纲六月二十五日出发，不日到职，他雷厉风行，查明种师中兵败身亡、姚古失约的事由，为整肃军纪、伸张法度，将焦安节正法，并奏准朝廷，把贻误战机的河北制置使姚古贬谪广州，封赠种师中为少师，刘韐为河北、河东宣抚副使，解潜为置制副使，折彦质为河东勾当公事。

李纲治军严格，禁止士卒扰民，规定有敢抢夺妇人金钗者，立斩不饶；有捡拾百姓弃物者，黥面发配；有逃亡者，捕获皆斩。这支军纪颇严的队伍，秋毫无犯，七月时，进驻河阳。

在河阳驻留十余日，李纲训练士卒，修整器甲，而后进抵怀州。李纲每日督促军士演习，就等防秋之兵集中之后，“以谋大举”。

李纲誓师御敌之际，宋、金使臣往返频繁，钦宗采纳耿南仲、唐恪等人建议，解散各地勤王之师，决意向金国乞和。李纲闻讯后，又惊又怒，他进奏《论不可遣罢防秋人兵札子》，指出离开朝廷才几日，陛下就把前面的诏书全改了。兵员得不到补充，现有的兵员也没有经过严格训练，一旦与金兵作战即溃不成军，导致金兵长驱直入。倘若金人再次聚兵，两路入寇，将如何应付？

李纲强烈要求，军国大事不可儿戏，各路人马按原诏书调集。奏疏上去，毫无动静，李纲心急，再次上疏，但钦宗不加理会，却催促李纲赶快去解太原之围。李纲只得领命，召集刘韐、解潜等将领，在隆德府举行军事会议，约定七月二十七日诸路进兵。

耿南仲、唐恪等人十分忌讳李纲手握兵权，便暗中命令刘韐、解潜等将领由朝廷直接指挥，不必受李纲约束。太宰徐处仁、少宰许翰等大臣，力主速战速决，便下令各路宋兵迅速援救太原。刘韐接到命令，恃勇先进，孤军与金兵奋战，当即败退；解潜抵达南关时，也被金兵击败；张灏又违反节制，派遣统制官张思正率军收复文水县，旋即又为金军夺回，死伤数万，完全溃败。各路人马均溃败，诸路军全部瓦解。李纲在军中接到败报，又气又急，身体不支而病倒，紧急中向皇上写了一道奏疏，痛陈节制不专之弊。

正当李纲想调湖南统制范雄率兵北上亲自迎敌时，钦宗诏令李纲“不得轻易进兵”。原来，宋军出师不利，朝中主和舆论立刻占了上风。时值八月，金太宗授粘罕为左副元帅、斡离不为右副元帅，仍以东、西两路进兵。而宋廷君臣依然在为战、和争论不休，钦宗庇护耿南仲、唐恪之流，罢免徐处仁、许翰、吴敏等主战派官员，消息传来，李纲唯有叹息。

钦宗派出著作佐郎刘岑、太常博士李若水为使，前往金国议和，企图延缓金兵南下。金将粘罕、斡离不假意答应议和，却又加紧军事进攻，钦宗得到赴金使的回报，对金人议和的许诺深信不疑，便诏令李纲回京，授老将种师道为同知枢密院事，接替李纲职务。

九月，李纲在返京途中，接到授他为观文殿大学士兼知扬州的命令。原来钦宗怕李纲回京后，力主抗战，便以“专主战议，丧师废财”等罪名，把李纲又降为提举亳州明道宫、保静军节度副使，流放到建昌军；李纲上章辩白，钦宗恼羞成怒，斥责李纲“以惑众听”，再次贬谪李纲到江州。

八月，粘罕领兵从保州南下，围攻真定，真定军民坚守了四十多天，城池终被金兵攻陷。九月初三，金兵攻破太原城池。

九月下旬，粘罕、斡离不合兵一处。十一月十三日，金兵渡过黄河，直指东京。

东京城内，警报不断，钦宗慌忙派康王赵构为使、王云为副使，前往金兵军营求和。十一月中旬，赵构一行抵达磁州，被知州宗泽留住，在相州知州汪伯彦的邀请下，赵构转道留居相州。

此时，被围困的东京城内仅有宋军七万，形势险恶。当钦宗面临绝境，才省悟“前以和议为然者，举皆误国”，便决意起用李纲，授他为资政殿大学士兼知开封府，并下诏书，派人南下催李纲迅速北上就职。

同时，钦宗又下了道诏书，派人缒城而出，赶至相州，授赵构为天下兵马大元帅职，宗泽和汪伯彦为副元帅，诏令他们率领各地勤王军，援救京城。当赵构领兵八万赶往东京时，又接到正在和议、无须进军的诏令，只好停留在相州。

昏庸的钦宗在危急时，居然相信开封的郭京、刘无忌等一群无赖会用“神兵”。当“神兵”洞开城门出城迎战时，却一击即溃，金兵乘机登城，攻破开封。开封军民在危难之时，自发准备展开巷战，金兵不敢入城，只是把开封像铁桶似的围困住。金兵一边向宋廷勒索财物，一边要钦宗下诏令军民停止反抗。

钦宗到此时还没从“和议”的迷梦中醒悟过来，他委派使者频繁往来金营，商议“割两河，纳岁币，献金银财物、良马、兵器等”，开封民众自发组织的抗金斗争却惨遭镇压。

金人先后把徽宗和钦宗拘留在金营，接着金主下诏废徽宗和钦宗为庶人，另立宋宰相张邦昌为“楚皇帝”，宋廷就这样被灭亡了。四月初一，金兵把徽宗、钦宗及后妃、宗室连同朝官三千多人，一起俘虏北去，开封的金帛、宝货、文物、图册等被洗劫一空。

此时，李纲正在贬谪的路上，靖康二年（1127年）四月，他接到复职资政殿大学士、领开封府事的诏书，他当即率领湖南勤王军从巴陵上船出发。五月初，当运兵船驶至繁昌，李纲得到元帅府的传檄，才知道“都城不守，二帝播迁”，他一下呆了，随即号啕大哭，几欲气绝。

# 第四章

# 中兴之相

宋高宗即位之初，起用李纲为相。李纲运筹帷幄，实施中兴大计，这一时期，是李纲政治生涯中最为光辉灿烂的阶段，但也是他一生中最为惨痛的岁月，中原沦陷、生灵涂炭，英雄失路。

## 邀说十议

靖康元年（1126年）十一月，汴京危在旦夕时，钦宗委任康王赵构为天下兵马大元帅，十二月初一，大元帅府在相州正式成立，大元帅府几经辗转，最后落脚济州。

二帝蒙尘，多少文臣武将不屈不挠，继续抗金，知磁州宗泽、相州知府汪伯彦、高阳关路宣抚使黄潜善为副帅，起兵勤王；宗泽自大名至开德，与金兵大战十三次，均获全胜，又以孤军进驻卫南，连败金兵。宗泽在卫南，听到徽、钦二帝被金兵掳去，即领兵至滑州，转入大名，计划渡河截击，劫回二帝。宗泽传檄邻近各地宋兵，共同行动，但得不到勤王军的响应，只得作罢，遂上书赵构，劝其称帝。此时，赵构所辖的官军与各地来投的义兵，已有百万，大元帅府内，宋臣纷纷进言，力劝赵构称帝即位。

汴京陷落、二帝被掳，被强行扶起来的伪楚政权遭到百姓唾弃，处于风雨飘摇中，一天也难以维持，吕好问等伪楚大臣也劝张邦昌退位，拥立赵构。张邦昌将玉玺呈送赵构，把哲宗时被废的皇后孟氏迎入皇宫，尊为“太后”，元祐皇后手书懿旨，诏告天下，令赵构延续国祚，择日登基。

五月初一，赵构在宗泽、汪伯彦、黄潜善等拥戴下，在南京应天府登极，改元建炎，为“高宗”。授黄潜善为中书侍郎，汪伯彦为同知枢密院事，宗泽为龙图阁学士、知襄阳府。

初立的小朝廷依旧是“战”是“和”无法统一。黄潜善与汪伯彦极力怂恿宋高宗把“偏安于南，向金妥协”定为国策；招纳伪楚君臣，命张邦昌为太保、封同安郡王，命吕好问为尚书右丞；派遣使臣，向金国乞和。他们的这些举措遭到举国反对。

高宗为缓和舆论压力，巩固小朝廷的地位，标榜“中兴”的决心，便起用抗战派声望最高的李纲为尚书右仆射兼中书侍郎。李纲的任职诏命一下，主和派的官员群起反对，右谏议大夫范宗尹说李纲“名浮于实，有震主之威”；御史中丞颜岐连上五章说张邦昌是金人喜欢的，应该更加优待他，李纲被金人厌恶，应该趁李纲还没来就任，赶紧罢他的官；黄潜善、汪伯彦附和不迭。此时，高宗为借重李纲，对阻拦李纲入相的言论尚能予以驳斥：“如朕之立，恐亦非金人所喜！”颜岐为了达到阻挠李纲上任的目的，索性把自己写的奏章原稿，派公差直接送给李纲，想让李纲知难而退，“觊以沮其来”。

高宗登位之初，李纲正在繁昌，他正处于失望、彷徨之际，收到赵构寄来的手札：

> 乘舆蒙尘，闻之心焉如割，已令会兵追击，冀遂奉迎而归。方今生民之命，急于倒垂，谅非不世之才，何以协济事功。阁下学究天人，忠贯金石，是用尽复公旧官职，泽被斯人，功垂竹帛，乃公素志。当投袂而起，以振天下之弱，以副苍生之望。

李纲读罢，悲喜交加，他振作精神，挥师北上。

临近金陵，李纲得到消息，原宋将领周德等人，叛变投金，占据金陵城池，囚禁宋帅宇文粹中，带甲横行，滥杀官吏居民，劫掠官府，焚舟船无数，士民财物也被抢劫一空。李纲立即“遣

使臣赍文檄谕之”，要求他们听自己节制，加入勤王军行列，叛军们慑于李纲威名，表示愿意解甲，听候收编，但周德一伙桀骜不驯，并没有依照约定归顺登舟，而是擅自驱逐已经归顺的士卒，企图趁机遁逃。

李纲抵达金陵后，与转运使李弥逊联手，以迅雷不及掩耳之势，诛杀叛军首恶者四十六人，剩下千余人令提举常平宫王枋统辖，为金陵百姓剪除大患。在金陵，李纲向高宗上表庆贺，同时进奏《上皇帝封事》，纵论宣和末年以来对金策略的失误：自古中国对付夷狄之患，不过三策，即战、和、守而已。我方如果城池坚、人心固，则可以守；我方如果士卒勇、形势利，则可以战；我方如果辞理直、威力强，则可以和。意思是只有在能打败敌人的前提下才能讲和，即“能守而后可战，能战而后可和”。李纲分析靖康年间的失利，既不战，又不守，给敌人以可乘之机，请求高宗立国后“拨乱反正，以图中兴”，依靠全国军民，抗金保国，收复失地。通篇奏疏推心置腹，表达了对高宗的殷切期望。

正准备继续北上，李纲收到颜岐送来的奏疏副本，好友出于好意，劝李纲辞去相位，以免身遭不测。李纲感慨至极：“国家艰危，至此极矣。”国难当头，正是臣子尽忠之时，怎么可以为求自保而临难而退呢？“颜岐之言何足恤”，李纲誓死不辞，决意北上辅助新君。

六月初一，李纲到达南京，高宗要他立即就职，李纲却没有应允。原来，刚刚建立的小朝廷，朝纲紊乱，法度松弛，伪楚君臣身居要职；对于抗金复国，高宗并没有坚定的态度和明确的措施。李纲心怀疑虑，不敢欣然就职。李纲希望高宗扶持危困的局面，对内整顿吏治、完善法规、规范道德，对外抵抗侵略，实现抚育邦国，“以还二圣”。他经过深思熟虑，进奏《邀说十议》，阐述自己的施政纲领：

一曰议国事。李纲指出，防御夷狄，应秉持“能守而后可战，能战而后可和”的原则，徽宗以来，民心不聚，兵力不强。李纲劝高宗卧薪尝胆、奋发图强，“专以守为策”，先整肃朝纲，革除弊端，等到国力强盛、人心安定之时，兴师北伐，洗雪国耻，收复失地。

二曰议巡幸。关于定都的问题，朝中难以论断，李纲指出迁回东京，既能显示抗金复国的决心，又“足以结万邦之心”。东京因为战乱的破坏，不堪居住，可以迁往长安、襄阳或建康。

三曰议赦令。李纲指出，祖宗在登极时，赦免令是有一定法度的。国家艰难之际，要“以公天下为度”，颁布赦令要符合常规。对张邦昌等叛国者应予以严惩；因有过失而免职的官吏，要给予甄别，重新起用，则“人心服矣”。

四曰议僭逆。张邦昌身为国家大臣，临难不能死节，而挟金人之势，易姓建号，南面为帝。后不得已奉迎皇上，朝廷尊之为三公，不当。那些伪楚大臣，已经在朝中任职的，一旦金兵再犯，必然与敌内外勾结，通风报信，颠覆宋政权。李纲请高宗严肃纲纪，对叛国投敌的要分清罪行轻重，严惩不贷，“以慰四方忠臣义士之心”，垂戒万世。

五曰议伪命。国难当头，那些伪楚君臣，充当敌人的帮凶，“驱逼道君太上皇帝、皇太子、后妃及搜捕宗室戚属”，为虎作

依。李纲指出仿照唐肃宗在安史之乱后，对受伪命者以六等定罪；对那些尽忠尽节、杀敌捐躯的大臣“皆追赠而优防其家”，惩恶扬善，激励文臣武将、士庶兵民，尽忠报国。

六曰议战。李纲指出，徽宗以来，有养兵的费用，却没有训练兵士的方法；有蓄兵的名义，却没有调兵遣将、指挥战争的能力。因为久废军政，士气怯惰，导致靖康之耻。李纲主张：民心可用，可建立武装队伍，保乡守土；更改募兵之法，修明军法，重振国威。改变“士以武弁为羞，而学者以谈兵为耻”的现状。

七曰议守。李纲说“裂地厚赂”也无济于事，金人不会有满足的时候。李纲认为金人一定会再度南侵，主张在河北、河东地区建立“藩镇”，派遣有文才武略的将帅守边；在沿河、沿淮、沿江设置帅府，招募民兵，修葺城池，制造军械，教习车战，屯兵聚粮；派遣精锐宋军，扼守要道；制造舟舰，训练水军，严阵以待。

八曰议本政。李纲指出，徽宗以来，政出多门，阉宦、恩幸、女谒都能干预朝政。宰相为了“保身固宠”，没有进言而失职，应归政于中书省，使朝廷重建尊严。

九曰议责成。李纲谈到任用贤能的问题，徽宗以来，对官员的进退、升降没有一定的标准，“靖康一岁中考之宰相易者七人”，还没看出官员的能力，就更换官职。李纲请高宗要严谨、认真考核人才，效仿古代贤君，不随意任、废，不听信小人谗言，审慎择官而久任，督促其踏踏实实做出政绩，“则天下之事庶乎可为也”。

十曰议修德。李纲劝高宗修养“恭、俭、孝、悌”之德，像唐太宗那样善于纳谏，不辜负天下臣民的期望，则国家中兴有望。

李纲在《邀说十议》中，表达了他抗金复国的信心和决心，对高宗寄予深切的厚望。

次日朝会，高宗批示了“八议”，“议僭逆”与“议伪命”二事留中不发。李纲直言指出：张邦昌身居宰相要职，东京陷落时，不能捐躯报国，而是卑事金国，僭号“伪楚”，无法立足才投奔宋廷，这样反复无常之徒，“理合诛夷”。如今张邦昌不仅没有受到应有的惩罚，反而受到尊崇，这是何等礼仪？尊崇僭逆之臣，不追查叛国投敌者，天下的士大夫如何为国尽忠、为朝廷尽节？

这时，黄潜善、吕好问极力为张邦昌辩护，李纲据理反驳：“邦昌僭逆，怎么能让他在朝廷上，让官员、百姓指指点点：‘此亦一天子’哉!”他言辞激烈，泣下而拜：“我不愿意和邦昌同朝为官，看见他我必会用板笏击打他。如果一定要用邦昌，请求罢免我的职务！”高宗颇为感动。汪伯彦亦说：“李纲气直，臣等所不及。”最终张邦昌被以散官安置在潭州，伪“楚”命官吕好问等人相继被贬谪边陲，高宗又下诏追封赠恤为国捐躯的文臣武将。《邀说十议》全被高宗采纳，李纲随即受职辅政。

## 运筹帷幄

建炎元年（1127年）六月初六，李纲入相。一旦就职，李纲竭尽全力、励精图治，他首先提出“规模”说，“今日之事，须

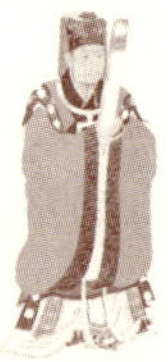

有规模而知先后缓急之序”。李纲所谓的规模，即对外抵抗，消灭强敌；对内消除盗贼，整治、完善军政，改变士大夫的风气，丰富国家的金钱和物资，松缓民众的物力、人力、财力，改变不合时宜的法度，削减多余的官员，用实在的号令感召人心，赏罚分明振兴士气，选择将帅独当一面，选择官吏、郡守履行新的政策。

这是一个先内后外、韬光养晦的“自治”理念，以完善内政为主。靖康之后，国势日益衰弱，大宋臣民蒙受重创，外有强敌虎视眈眈，内有游兵散勇和“盗贼”到处作乱，国家根基非常脆弱。李纲提出首先要“料理河北、河东”，两河是国家的屏障，料理出头绪后，中原可保，东南可安。尤其河东地区，地势险要，所有的关隘、城池坚固，历来为兵家必争之地，这里的民众“坚忍”、风俗“节俭”、民风“劲悍”。两河虽然失去部分州郡，但各地士民、兵将“自相结集”，能守城的守城，能结寨的结寨，皆推豪杰为首领，聚众多者数万人，少者亦不下万人，以阻击金兵。

李纲认为民心可用，要积极争取民心，他主张招纳义军，“以御外敌”。朝中主和派称义军为“盗贼”，主张派兵镇压。李纲为义军辩护：这些“盗贼”也是大宋臣民，他们原本遵守律法，“以农桑为本”，但在危乱之世，流离失所、饥寒所迫才会聚众为“盗贼”。此时，正是朝廷设置官府、派遣使者招抚的好时机，两河军民怀忠义之心，但救兵久而不至，危急无告，必然会怨恨朝廷，一旦被金人趁机招抚，皆成为精兵。李纲提出，应尽快设置河北招抚司、河东经制司，联络豪杰，用心经营两河。

只要能保全一州或收复一郡者，由朝廷发给他们钱粮、任命书，如同唐朝“藩镇”那样，既绝了他们的投降之心，又能借其力御敌，朝廷就无北顾之忧了。

李纲明确指出：经略两河是“最今日之先务也”。为了寻找到堪当大任的人才，李纲多方访求，咨询同僚，最后他觉得宗泽、张所、傅亮皆有才气和谋略，能够独当一面。

张所，山东人，进士出身，极有才气与谋略，靖康（1126—1127）年间为监察御史。当时金人第二次“犯阕”，大臣们想以卖国求得安稳，唯有张所上奏，请求携带蜡书去河北募兵，回援京师。张所到了河北，士民如久旱望云霓，都欢喜地说：“朝廷想把我们抛弃，扔给夷狄，只有张所还想着我们有用武之地！”当下应募者云集，竟然达到了十七万人，张所“声震河北”。高宗即位后，张所是在外臣僚中第一个到行在报到

行在，也称行在所，封建帝王所在的地方。后专指皇帝行幸所至的地方。南宋称临安为行在，表示不忘旧都汴梁而以临安为行都之意。

的，他把应募首领的姓名、兵马人数、整编情况等写成报告，上奏给高宗。正当张所以为可以一展鸿鹄之志时，却因上章指责黄潜善兄弟“奸邪不可用，恐害新政”遭到报复，被贬为凤州团练副使，安置在江州。

因为张所弹劾过黄潜善，李纲颇为为难，但没有比张所更合适的人才，李纲不得已，他专程到黄潜善家拜访，与黄潜善亲切交谈：前日议的设河北招抚司，经过搜访，无人可以承担，独有一张所可用，但他以出言狂妄而得罪你。“倘能先国事，后私怨，为古人之所难，不亦美乎！”黄潜善欣然允诺。

李纲不失时机，向高宗推荐了张所，并夸奖了黄潜善的宽宏大度，高宗很是满意，授张所为通直郎、直龙图阁充河北招抚使。待到张所奉命回到南京，高宗即“赐缗钱百万”作为募兵的半年钱粮，“以京畿兵千人为卫”，授予招抚大权，发给空白任命证书一千余份，“许以便宜从事”。

傅亮，陕西人，因边功而得官，熟悉兵事。靖康之初，傅亮来到东京，他上书朝廷，建议以亲王为元帅，“治兵于河朔”，但钦宗不喜傅亮越职进言。金兵再犯，钦宗急召傅亮进京。傅亮率陕西、京西勤王之师三万人，赶来救援，屡立战功。他治理军队，“如古人斩斩然整一”，高宗即位后，傅亮赴行在报到，被授予通直郎、直秘阁。傅亮的为人，“气劲言直，议论不能屈折”，因而“执政不喜之”，让他去滑州做了个知州。

在滑州，傅亮又因上书被人指责有“悖傲不逊”的言辞，被降通判河阳府。众人不喜傅亮，李纲却认为傅亮有智略气节，“可为大将”，日后一定能为国家立下功勋。在向高宗推荐傅亮时，李纲说关陕之人，豪爽朴实，言语刚直，“不足深责”，高宗释怀，遂任命傅亮为河东经制副使，让他带兵万人并充足钱粮，去经营河东。

宗泽，浙东人，浩然有气节，敢作为，在高宗即位之初出力甚多，但被黄潜善、汪伯彦等“忌之”，高宗命宗泽知襄阳府。高宗采纳李纲“开封尹阙，绥复旧都，非泽不可”的建议，让宗泽兼任开封知府及留守，主持京师的军政。

李纲后又相继推荐了王燮、许翰等人，均被高宗授予官职。

此时李纲深得高宗信任，他的军政措施得到高宗的认可并顺利实施，使得初立的小朝廷迅速得到稳定。他在六月间，还连上三疏，建议高宗要募兵、买马、缮军械、修军政、择将帅、置帅府、置要郡，经略天下。在高宗的支持下，李纲拟定设置帅府地区有十处，重要的郡县有三十九处，次要的郡县三十八处。府所在地设帅建制，兼都总管；郡置守，兼钤辖都监，“以寓方镇之法，许其便宜行事”，另设七十七将，帅府置水兵二军，重要郡置水兵一军，立军号“凌波、楼船军”。

高宗令河北、陕西、京师各州县乡镇都募集民工修筑城防；各地都招募民兵、增置弓箭手；总兵力达到九十六万余人；另大造战车，招募水军，寻访将才，制造军舰，训练水兵。李纲“拟募新兵号”有骁胜军、壮捷军、忠勇军、义成军、龙武军、虎威军、折冲军、果毅军、定难军、靖边军等十支，每二千五百人为一军，每军发给军械、钱粮等，依照禁军之法，“团结训练”。

李纲认为金人铁骑骁勇，很能打胜仗，而宋军骑兵少、步兵多，被骑兵冲击很容易溃散。因此，他提出，步兵不能胜骑兵，

骑兵不能胜车阵。李纲以汉代卫青战胜匈奴为例：卫青深入匈奴，乃以“武刚车”自环，以为屏障。

李纲向高宗推荐了自己曾经成功使用过的战车。这种战车数人可推，进退旋转，皆如人意，车上满载弓弩军械，周边以皮革防护，下设铁裙保护兵士。车上士卒，使用长兵器可刺人，使用短兵器可攻马。车两旁安置铁索，行军可以布阵，一旦停止可以联成营寨，在平坦的地势可以驰驱，道路难行时人力也能控制。每车用兵卒二十五人，四人推竿让车前行，一人登车可以射箭，其余二十人手执兵器守卫车的两旁。士卒有了战车做依傍，敌骑便无法冲击。李纲提议让步兵广为制造并演练。

靖康（1126—1127）年间，金兵两次进犯，河北、京畿地区的马匹被洗劫一空。为扭转宋骑兵的劣势并建立一支能够与金兵对抗的骑兵，李纲主张“非品官将校，不许乘马”；诏令各州县，拟定好规格、尺寸，以“善价买之”；不得将马隐匿不报，不准借买马骚扰民间。他还派人前往四川、广西等地选购，解决战马紧缺的问题。李纲指出，应划定牧地，资助民间养马，只要措施得宜，战马的来源就可以解决。

李纲指出，国家多艰，京师的库银、所藏都被金人掳掠，在财政极其困难的情况下，更不能横征暴敛，应动员全国百姓、商人、官吏等，把多余的家产捐献出来，“以佐国用”，说明“募民出财”是为了强军保国。民众知道有国家才有兵士，而后家室才能得以保全，就会自愿捐出多余的钱财。李纲再三强调，执行这项工作，州县官吏不得扰民，不得借机勒索，要求州县官吏“体朝廷德意而奉行之”。

为改变徽宗以来军令不统一、军纪败坏、军训荒废的弊端，李纲确立“团结之法”，颁布伍、甲、队、部、军等各种军事建制。规定每五人为伍，选一人为伍长，“以牌书同伍四人姓名”；五伍二十五人为一甲，选一人为甲正；四甲为一队，选正、副队将各一人，“队将以牌书甲正四人姓名”；五队为一部，派正、副部将各一人；五部为一军，派正、副统制官各一人。这种方法，使得全军上下互相保持联系，也能互相应援。

徽宗以来，军风不正，士气低落，李纲采用“教阅之法”，以战车、骑兵、步军“总为营阵”，操练进、退、坐、作、分、合、出、入的作战阵式。恢复以金、鼓、旌旗作为指挥信号，全军将士闻鼓则进，鸣金则退，齐心向前。通过整顿和训练，“兵将相谙”，行动一致。

李纲认为修明军政、整肃军纪是军队制胜的要务，他重新颁布军纪，规定将士在行军作战时，前后左右应相互应援，观望不进的，或“辄退”者，必须行使军令，促使他们彼此相救。禁军逃亡，七日内不返军营，应予斩首；与敌人相遇，若不能取胜，将士溃散后，不及时结集归队者，给予斩首处理；投敌叛节者，灭其族人。只要令行禁止，一遇敌兵就逃亡、溃散的弊病就可以改变。禁军在行军之时，犯有盗窃、赌博、斗殴、饮酒，甚至抛弃器甲、藏匿妇女、胁取财物、造谣惑众者，绳之以军法，这样，骚扰、惑乱百姓的弊病就能得到改变。

对敌作战时，能奋勇杀敌的，可获得奖励；一军获胜，可赏全军；不能获得全胜，有杀敌立功者，亦可获得奖赏。将士牺牲，由伍长、甲正、队将、部将、统制逐级申报，优恤其家属。

军队要打胜仗、能打胜仗，事先必须保证军队粮草、军械的供应，优恤将士家属，使他们的妻、子免于冻馁，才能深得将士之心，激发他们奋勇杀敌。

李纲辅政之初，得到高宗的信任，他所主张的军政措施能顺利实施，宋廷政权得到暂时的稳定。朱熹曾称赞说：“李纲入来，方成朝廷。”

正当李纲运筹帷幄、全身心为朝廷“规模”之时，被高宗器重的黄潜善、汪伯彦，自以为拥立有功，职位却屈居李纲之下，愤愤不满。他们不顾国家利益，招纳伪楚投奔而来的官吏，结为死党，伺机打击、排斥、陷害以李纲为首的主战派。

李纲的这些军政措施刚一施行，右谏议大夫宋齐愈便跳出来，上疏弹劾李纲说：“民财不可尽括；西北之马不可得，而东南之马不可用；至于兵数，若郡增二千，则岁用千万缗，费将安出？”高宗听信了这种说法，让三省不要再推行原来的买马政策，每州买百匹即可。至于劝民出资的政策，也一律停止，高宗批复的是“恐致骚扰”。

这时候有人揭发，宋齐愈是立张邦昌为皇帝的首倡者，且证据确凿。高宗震怒，命侍御史王宾审理此案，其罪行无误，宋齐愈自己也服罪，七月十五日，宋齐愈被绳之以法。黄潜善营救宋齐愈不成，又指使河北转运使张益谦，诬告河北设置招抚司后，“盗贼益炽”，要求尽快罢废。

张益谦凭空捏造，让李纲有点愤怒，张所此时还在京师召集将佐，还没动身，怎么就知道张所扰民呢？他理直气壮地争辩，“河北民无所归”，聚而为盗，更要实施招抚，怎么能说因为招抚司才盗贼越来越多？傅亮已出发十几天，黄潜善与汪伯彦却指责其“逗留不前”。高宗便下诏令宗泽“节制”傅亮，“即日渡河”，此时的高宗，抗战之志早已抛之脑后，他听信谗言，决意罢免张所、傅亮职务。

李纲愤然向高宗提出，招抚、经制是自己建立的，张所和傅亮也是自己推荐的，现在黄潜善、汪伯彦要阻止张所与傅亮，就是在阻止自己，高宗觉得李纲争辩的事情只是一件小事而已，便指责李纲。李纲虽然力争，但无法挽回，他接二连三上章，请求辞职。

建炎元年（1127年）七月十二日，李纲听到朝臣们议论，銮舆想巡幸东南，李纲颇感震惊。翌日朝会，李纲直言问询高宗“还阕”之事，指出车驾巡幸，牵动天下人的心，是中国力量的所在，高宗无奈，下诏还阕汴京。黄潜善、汪伯彦不甘心“大计”被李纲阻挠，私下仍然鼓动高宗巡幸东南。

有人劝李纲：你决定进退，是公正合宜的举动。但进谗的人没有停止，你将有不测的祸患！李纲无所畏惧，“天下自有公议，此不足虑”。

为了打击李纲，黄潜善以李纲的姻亲、江宁知府翁彦国为借口上章弹劾，高宗批出旨来，指责翁彦国在修复江宁城池时花费太多，骚扰东南，要严厉处分。恰在此时，江宁府有公文上报翁彦国病死，高宗下令免去翁彦国的职务，又降旨“抚慰东南”。

八月五日，高宗有旨升李纲为尚书左仆射兼门下侍郎，提拔黄潜善为右仆射兼中书侍郎，“两相”的任命下来，黄潜善开始破坏李纲的两河战略。黄潜善、汪伯彦秉承高宗的旨意，又拉拢殿中侍御史张浚，捏造李纲十条罪状，恶意攻击李纲。八月十八

日，高宗指使中书舍人兼权直学士院朱胜非起草诏书，说李纲狂诞刚愎，指责李纲借口“防秋”，实际上造成很大的骚扰，“设心谓何，专制若此！”罢去李纲相位。

## 罢相贬职

李纲罢相，“降麻告，廷除观文殿大学士、提举洞霄宫”；张所被贬为直龙图阁，安置岭南；傅亮以母病辞职返籍。李纲苦心经营的两河“规模”被废除殆尽，两河州县尽被金兵所占。这些不得民心的举措，遭到举国反对，八月二十五日，太学生陈东、布衣欧阳澈上书：“潜善、伯彦不可任，纲不可去。”黄潜善又惊又怒，谗言陈东“伏阙”旧事，高宗唯恐事情闹大，便诏命有司，逮陈东、欧阳澈二人，即行处决。尚书右丞许翰悲愤异常，他连上两疏：“吾与东皆争李纲者，东戮都市，吾在庙堂可乎？”许翰因此被罢，降为资政殿大学士、提举洞霄宫。

李纲为相，以复国中兴为己任，但高宗畏敌，只图苟安，并无抗金决心。李纲屡遭主和派构陷、打击，他怀着一腔忠愤，写下《苏武令》：

塞上风高，渔阳秋早。惆怅翠华音杳。驿使空驰，征鸿归尽，不寄双龙消耗。念白衣、金殿除恩，归黄阁、未成图报。　　谁信我、致主丹衷，伤时多故，未作救民方召。调鼎为霖，登坛作将，燕然即须平扫。拥精兵十万，横行沙漠，奉迎天表。

词中表达了李纲日月可鉴的忠诚、不为人理解的哀伤与矢志不渝的决心，些许的惆怅、失落与豪情壮志相互交织，表现了诗人不以个人荣辱为念的崇高境界。

对二帝的怀念和报国无成的忧愁，让李纲感伤，谁还会相信他一片耿耿丹心呢！迎归二帝、报国仇、雪国耻，这是所有爱国志士的奋斗目标，浓烈的爱国激情，充溢字里行间，令人动容。

收拾行装，渡淮涉江，李纲踏上谪归之途。一路上，触目苍凉，沿途州县遭到严重破坏，田园变成荒丘，繁华市镇不见人烟，残砖败瓦，断壁残垣。这时，传来钱塘盗贼作乱的消息，李纲触景生情，望长淮渺渺，不禁心事苍凉，他赋《九月八日渡淮》一诗：

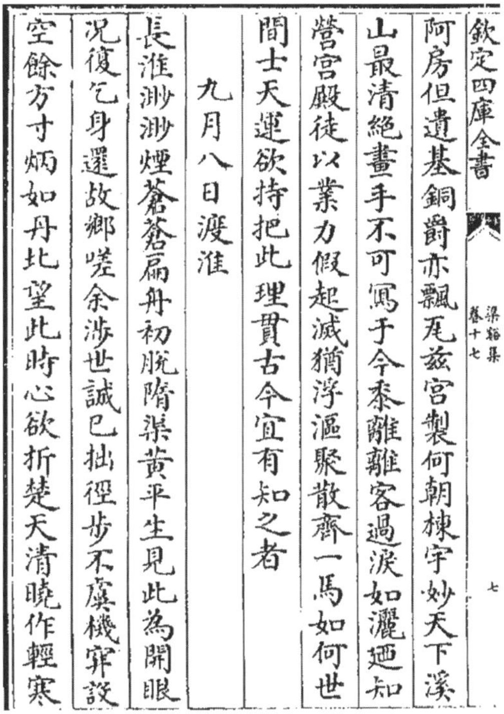
欽定四庫全書 梁谿集 卷十七 七
阿房但遺基銅爵亦飄瓦茲宮製何朝棟宇妙天下溪
山最清絕畫手不可寫于今黍離離客過淚如灑廻知
營宮殿徒以業力假起滅猶浮漚聚散齊一馬如何世
間士天運欲持把此理貫古今宜有知之者
九月八日渡淮
長淮渺渺煙蒼蒼扁舟初脫隋渠黄平生見此為開眼
況復乞身還故鄉嗟余涉世誠已拙徑步不虞機穽設
空餘方寸炳如丹北望此時心欲折楚天清曉作輕寒

《九月八日渡淮》

长淮渺渺烟苍苍，扁舟初脱隋渠黄。
平生见此为开眼，况复乞身还故乡。
嗟余涉世诚已拙，径步不虞机穽设。
空余方寸炳如丹，北望此时心欲折。
楚天清晓作轻寒，黄芦着霜声正乾。
川回金碧隐窣堵，风远钟磬闻龟山。

橹声呕轧归何处，笑指江皋寻旧路。
松菊荒芜欲自锄，盗贼颠翻非所惧。
蟹螯菊蘂风味道，且须为尽黄金舟。
世间种种如梦电，此物能消万古愁。

那广阔无际的淮河，被烟雾笼罩得茫无边际，这好像李纲抑郁的心情，他敌不过那处处设置陷阱的小人，空余下这光明磊落的心了，回首北望，那是令李纲牵肠挂肚的地方。壮志不能酬，宝剑入鞘，即使对朝廷的危弱很忧虑，但此时已经鞭长莫及了，李纲隐隐生出退意。流连田园、栽松种菊、秋黄蟹肥也能慰藉自己的心情。

这时候，秀州宋军守将辛道宗发动兵变，占据州县。李纲的弟弟李纶刚好在无锡，就与知县郗渐商议，出面说服了叛军，保全了无锡。

十月间，黄潜善、汪伯彦的党羽弹劾李纲操纵兵变，“谴弟迎贼”，倾尽家资犒赏叛军，“为绯巾数千顶与之”；殿中侍御史张浚上书，诋毁李纲“邪险不正，崇设浮言，足以鼓动流俗”；汪藻攻击李纲“朋奸罔上，欺世盗名”。此时，李纲正滞留镇江，何来通贼？但高宗不问究竟，也没

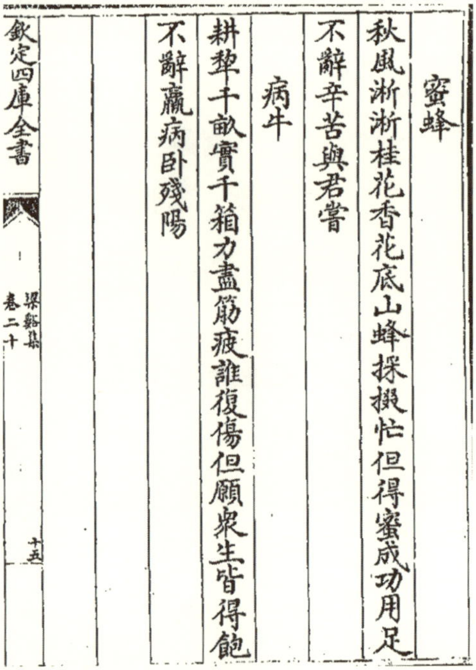
欽定四庫全書　梁谿集　卷二十　十五

蜜蜂
秋風淅淅桂花香花底山蜂採擷忙但得蜜成功用足
不辭辛苦與君嘗

病牛
耕犂千畝實千箱力盡筋疲誰復傷但願衆生皆得飽
不辭羸病卧殘陽

《病牛》

调查核实，又罢去李纲观文殿大学士的职务，责令他移居鄂州。

受到恶毒攻击和迫害，李纲十分痛苦，他写下《病牛》一诗，以病牛表示忠心祖国、报效众生的信念，体现了博爱无私的仁者情怀：

耕犁千亩实千箱，力尽筋疲谁复伤？
但愿众生皆得饱，不辞羸病卧残阳。

正当李纲前往鄂州的时候，传言金军卷土重来，已进兵到河阳。高宗闻听，吓得寝食不安，下令立即巡幸东南。巡幸东南是酝酿已久的事，十月初一，高宗一行登龙舟，浩浩荡荡东下，十四日到泗州，十七日抵达扬州，驻跸于此。

建炎二年（1128年）正月，李纲从太湖之畔的梁溪居出发，三四月先后经过安徽的宁国县、休宁县、歙县和黟县等地，于七月泛舟赣江入鄱湖抵达星子县，他饶有兴致地游览了落星寺，留下《自鄱阳泛江至星子》《游落星寺》等诗。在九江，李纲巧遇同样被贬谪的许翰，故友重逢，二人相谈甚欢，他们一同游览庐山，拜访驻锡庐山东林寺的方丈士珪。

李纲幼年时，曾游览过庐山，那如诗如画的自然风光在他心中刻下烙印，此后他对庐山充满向往之情，但苦于无暇重游。此次贬谪，倒遂了他心中夙愿，他写下《余幼尝一到庐山再游已三十年矣感怀二首》，一倾三十来年的痴心和梦想。

庐山东林寺建于东晋太元九年（384年），历史悠久，李纲与许翰到东林寺访士珪，李纲诗赠士珪：

我游庐阜南山北，师住二林东院西。
试问远公求作佛，何如陶令醉如泥。

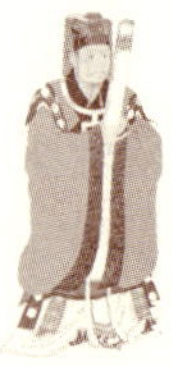

苦邀名山同莲社，笑送幽人过虎溪。

千载风流久寥落，更烦拈出与提撕。

庐山五老峰绵延数里，因山的绝顶被垭口所断，分成并列的五个山峰，仰望俨若席地而坐的五位老翁，奇岩怪石千姿百态，雄伟险峻，怪崖壁立，突兀凌霄。李纲登临五老峰，心旷神怡之余，写下古风《五老峰》，把五老峰的峭拔秀丽、别具一格描摹得惟妙惟肖。

五老峰下，有一个三面环山的地方，有小溪潺湲，在苍松翠竹的掩映中，一排巍峨的建筑隐约可见，这里就是白鹿洞书院。书院初创于公元940年，李纲三人寻访而来，可是，此时的书院已经残破不堪，荒草萋萋，李纲感怀唏嘘，他心中有自责也有无奈：“不为迂疏成远谪，岂能萧散个中行？”“迂疏又复谪南州，假道江山得胜游。回首中原意萧瑟，此生漂泊任云浮。”

在庐山脚下逗留一月有余之后，李纲恋恋不舍地告别匡庐和朋友，士珪不忍李纲独行孤寂，启程陪同李纲西行，他们经德安、武宁，抵分宁。在分宁，李纲与士珪寄寓云岩禅院，清风明月，万籁俱寂。李纲与士珪闲坐十亩松竹间，游心骋目，可是检视内心，破碎的山河，连绵的烽火，自己怎能就这样归老山林?

是年八月，李纲沿修水河西溯，翻越赣鄂之交的苦竹岭进入湖北通城县，李纲寓居僧舍东轩。此时的通城，农民起义不断，李纲虽被弃之不用，但仍以国事为重，不断上书，主和派攻击李纲是在诋毁攻击朝政，当时伪楚右谏议大夫范宗尹流放鄂州，高宗遂借口“谪降官不许同处一州”，责令李纲移居澧州。朝中有些官员十分同情李纲的处境，上书为李纲申辩，请求重新起用李纲。但是御史中丞王绹公报私仇，大肆攻击李纲，弹劾李纲“经年不赴贬所”，又论李纲在靖康间“邀功劫寨、结众伏阙、覆师太原”等，要求高宗把李纲流放到边远海岛。于是，高宗就授李纲为单州团练副使，迁谪至万安军。

这时，中原百姓的抗金斗争已是如火如荼，宗泽以七十高龄任东京留守之后，招聚了河北义兵近二百万，分署在京郊十六县，与金兵隔河对峙。建炎二年（1128年）正月，金人来犯，宗泽大破之，打得金人溃不成军，辎重尽弃。自此宗泽“威声日著，北方闻其名，常尊惮之”，宗泽见形势有所好转，连连上疏，力劝高宗还京，以图恢复。高宗漠然，反而下诏“假勤王之名，公为聚寇之患”，勒令解散。宗泽的恢复大计难以实现，积忧成疾，疽发于背，终于病倒。汴京军民闻讯，无不忧心，诸将到病榻前问候，宗泽自知不起，叮嘱道：“吾以二帝蒙尘，积愤至此。汝等能歼敌，则我死无恨！”诸将涕泪交零。众人退出之后，宗泽想到山河残破，壮志难酬，不禁泪水盈眶。翌日，风雨如晦，宗泽再无他言，只连呼三声：“过河！过河！过河！”伸臂怒目而逝。李纲遥闻宗泽病逝，悲恸不已，写下长诗《哭宗留守汝霖》，回顾宗泽生平，歌颂他的抗金斗争，抨击主和派一味妥协、偏安东南的昏庸与懦弱，李纲认为“方时危而失此一人，其可哀也矣”，为宋王朝岌岌可危的时局担忧着。

建炎三年，李纲赴海南的途中经过广西全州、桂州、阳朔、修仁、象州、贵州、郁林等地。三月二十五日，李纲乘船到达桂林，这里的灵山秀水让他流连不已，于是写下“日暮碧云浓作朵，春深稚笋翠成丛。仙家多住朱明洞，客梦来游群玉峰”的

诗。李纲一路且行且游，忘情山水，倒把内心的“兴废恨”忘却几分，他想约见同样被贬的吴敏，但又怕遭小人诋毁、中伤，因此作罢。李纲对阳朔山水的喜爱之情溢于言表，他写“溪山此地蔼佳名，雨洗烟岚分外青。却恨征鞍太匆遽，无因一上万云亭”一诗表达自己来去匆匆、不能尽情游览的遗憾，此诗至今仍刻在阳朔碧莲峰下“风景道”的石壁上。

行至象州，李纲听到金兵再度南侵，粘罕率兵从云中出发，越过太行山，渡过黄河，先后攻下濮州、开德府、东平、济南。建炎三年（1129年）又攻下徐州、淮阳、泗州，兵锋直指扬州。黄潜善、汪伯彦匿情不报，高宗还以为金瓯无缺，可以安享太平。高宗被金兵追赶，从镇江逃到临安，惊魂未定，朝野激愤，纷纷弹劾黄潜善、汪伯彦，高宗被迫罢免两人相位。为了挽回民心，高宗大赦天下，但是“唯李纲不赦”。闻扬州败退，李纲对国家民族命运分外担忧，他心情沉重：“时危远谪堕南蛮，犹在乾坤覆载间。”“桄榔叶暗伤心碧，踯躅花开满目斑。”

此时，驻杭州统制苗傅、刘正彦多次上书要求北上抗金，但高宗置若罔闻，看到这样令人寒心的朝廷，他们对高宗失去信心，以“为民除害”的名义发动兵变，逼迫高宗退位，让位给其三岁的儿子赵旉。但此次兵变得不到宋军将领们的支持，不久，江东安抚制置使吕颐浩、礼部侍郎张浚约集韩世忠与刘光世等人，联合发出檄文，领兵前往杭州援救，苗傅、刘正彦败走，被韩世忠捕获正法，高宗复位。

五月，高宗从杭州进驻建康，遣使向金国求和，金国不允，再次挥师南下侵掠。高宗急忙从建康出逃，一路辗转经镇江、常州到临安，又从临安逃到越州、明州、定海。金兵渡过长江，如入无人之境，放火烧城，掳掠民财，一路追杀，高宗乘船入海，漂泊到温州避难。建炎四年（1130年）二月，金兵再次洗劫临安，才撤兵北归，高宗胆战心惊，从海上回到越州。高宗一路逃难，决意放弃中原，济南知府刘豫便叛宋投金。建炎四年九月，金国立刘豫为“大齐”皇帝，伪齐迁都汴京，甘心为金国属邦，统治中原和陕西地区。



高宗被金兵一路追杀之时，李纲离开广西，来到广东海康县，准备渡海前往万安。建炎三年十一月二十五日，李纲半夜乘着潮起，解舟下海，但见星月灿烂，风平浪静，到得天明，一轮红日跃出海面时，便到了琼州地面。船近琼岛，李纲上岸，他惊喜地发现，这琼岛的“江山风物，与海北不殊”，岛上翠色葱茏，虽冬犹暖。

李纲醉月

经历生死劫难，高宗才意识到同心协力才能保存家国，他下旨赦还李纲，让他“任便居住”。为了稳定人心，对曾受到迫害的，高宗也给予抚恤。李纲收到诏书时，才刚刚踏上琼岛三天，他又惊又喜，写下：

行年旧说是东坡，鲸海于今亦再过。
儋耳三年时已久，琼山十日幸尤多。
却收老眼来观国，尚冀中原早戢戈。
病废不堪当世用，感恩惟有涕滂沱。

李纲想到了苏轼，毕竟自己比苏轼幸运多了。

李纲在琼岛逗留一月后渡海北归。这天，冬日无风，天气晴好，水天一色，海面无波，蓝莹莹的犹如琉璃。李纲心情大好，他吟咏道：

纤云肆卷日方中，海色天光上下同。
身在琉璃光合里，碧空涵水水涵空。

途中，李纲听到陈东得到平反昭雪的消息，他动容不已，和泪写下《恭闻诏书褒悼陈少阳赠官与一子恩泽，赐缗钱五十万，感涕四首》：

其一

哀痛纶言洒帝章，赐金赠秩事非常。
无心圣主如天地，著意奸臣极虎狼。
忠血他年应化碧，英魂今日已生光。
先生愤懑诚昭雪，九死南迁岂自伤？

其四

平昔初无半面交，危言几辨盖宽饶。
幽冥我已嘶良友，忠愤君应念本朝。
故国遥看云杳杳，新阡何处草萧萧？
抚孤未遂山涛志，谁继骚人赋《大招》。

丹霞禅院

建炎四年（1130年）初，李纲在鄱阳停留数日后即携家眷返籍，七月，高宗授李纲银青光禄大夫，十一月，李纲避地福建泰宁，这里地僻民淳，李纲想以此地作为安身之所。

早在沙县，李纲与泰宁丹霞禅师已有神交，来到泰宁，李纲特往瑞光岩丹霞禅院拜访丹霞禅师。丹霞禅师法号宗本，通儒释诸书，徽宗大观四年（1110年）出家，创邵武军泰宁县瑞光岩丹霞禅院。李纲与丹霞禅师从神交到晤面，经历了十年光阴，他们结连社，悠游岩间，赋诗论道。

李纲与丹霞禅师游月余，泰宁遭兵火，“焚爇殆尽”。没想到，这世外桃源般的泰宁也如此不安宁，李纲感到泰宁不可久居：“我来寓杉江，客馆未暖席。纷然群盗起，环境暗锋镝。”他只得携带家眷，从泰宁入福州，避居福州安国寺。翌年，李纲应丹霞禅师之邀，撰写《邵武军泰宁县瑞光岩丹霞禅院记》，详细叙述了丹霞禅院的地理位置、寺名的来龙去脉、宗本禅师的身世经历及二人交谊，瑞光岩丹霞禅院因此名声大噪。

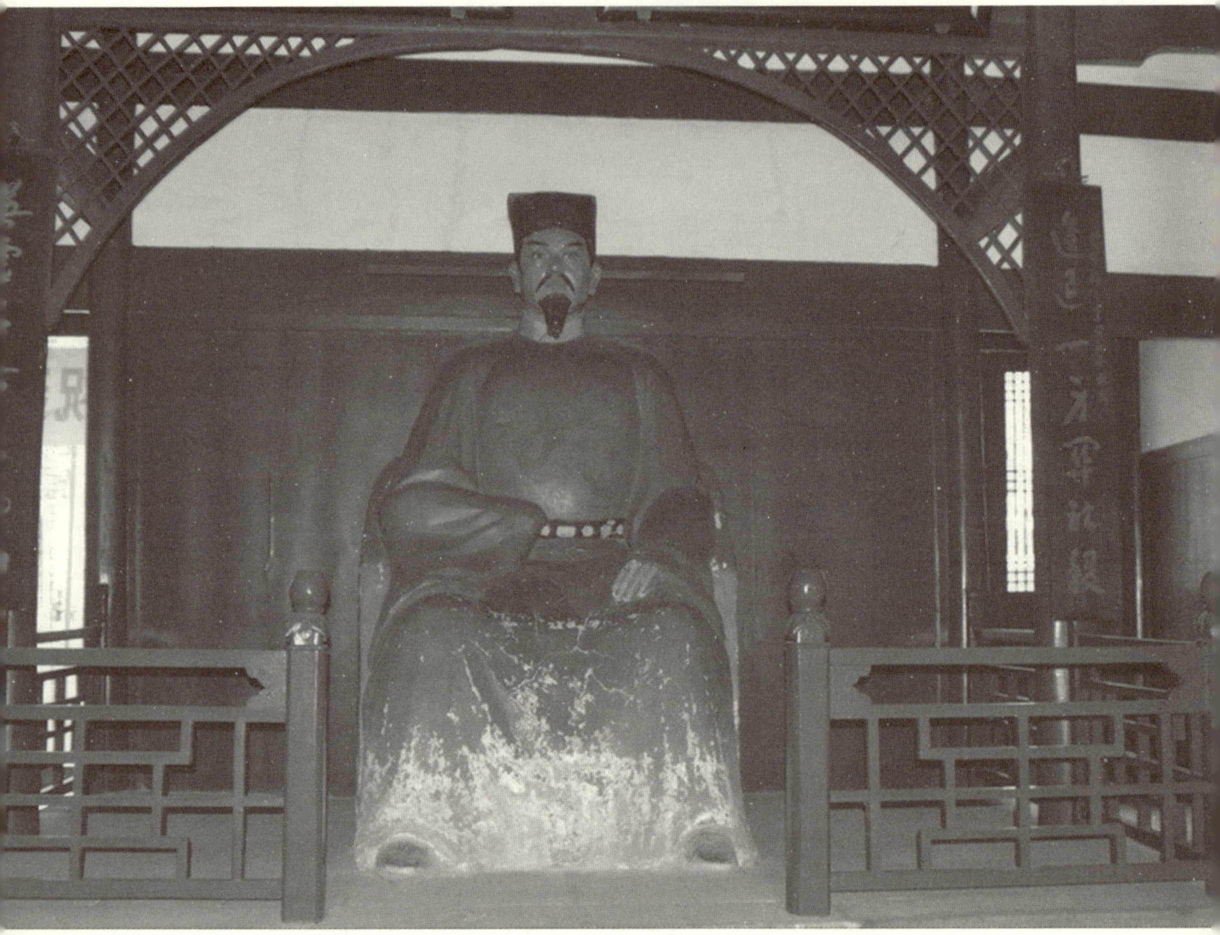

第五章

# 治理地方

闽北起义军据建州，韩世忠奉命平定，他听从李纲劝谏，存活建州百姓，改变屠城的计划。高宗起用李纲知潭州、洪州，李纲尽忠职守、兢兢业业，为国为民、不惮劳苦。

## 芝城之父

李纲从浦城坐船经过古田水口。古田旧时隶属福州，古田境内的水口驿在闽江主航道上。闽江水量丰沛，经过一场春雨，江流骤涨，李纲船行江上，只觉着江水奔腾汹涌。出水口后，江流浩荡，舟楫畅行无阻，李纲写下《自剑浦乘舟至水口，溪流方涨，备见湍激奔猛之状，赋诗以纪其事》一诗，描写了闽江水道的惊险，表达了从此观书、读易，效仿巢父、许由归隐的感怀：

避地适南土，舍车登叶舟。春溪浑带雨，霁石出如牛。
诘曲知操妙，飘腾觉去遒。烟笼岚翠滴，滩激浪花浮。
廉利森排戟，盘回巧转辀。轻生真可戒，快意且销忧。
滟滪过三峡，蓬壶访十洲。平生志江海，暮景侣巢由。
易象观嘉遁，骚经赋远游。扁舟入吾手，此外更何求。

船行到闽侯白沙，李纲舍舟登岸，暂时休整歇息。闽侯白沙镇汤院村在唐代已有，是福州最古老的温泉之一。一路劳顿的李纲在温泉中涤瑕荡秽，不由得心神俱爽，他对山坳中同时有温泉、冷泉流出感慨不已，这一冷一热，何尝不是冷暖人生的写照？温泉能涤除身体的污垢，可是靖康之耻能洗得掉吗？那是英雄失路的愤懑、无奈与淡淡的忧伤：

温泉二绝　其一

温冷泉源各自流，天教施浴雪峰陬。
众生尘垢何时尽，汩汩人间几度秋。

其二

玉池金屋浴兰芳，千古华清第一汤。

何似此泉浇病叟，不妨更入荔枝乡。

闽侯白沙镇汤院村的温泉因着李纲的诗句，享有“千古华清第一汤”的美誉，成为士子、文人游览之胜境。

从闽侯进入福州后，李纲寄寓福州安国寺。

苗傅、刘正彦发动兵变被韩世忠平定，但是，苗、刘的部将韩隽西陷邵武、光泽，邵武城被焚掠殆尽。建炎四年（1130年）六月，御营前军将领杨勍叛变，由婺州入闽，焚废建州，兵燹所至，焚荡掠取，任意洗劫。闽北百姓不胜其扰，还要肩负繁重的苛捐杂税，无有宁日。

七月，瓯宁人范汝为聚啸回源洞，揭竿而起；绍兴元年（1131年）正月，顺昌人余胜、建阳人刘时举积极响应，义军“兵十余万”，攻下建州，先后击溃神武军副都统制李棒、吴汝明、李山所部，势如破竹，占据闽北各地后，随即攻打浙东，转战龙泉县，攻陷处州，高宗震动，数次派兵，皆以失败告终。

宋高宗为保东南半壁江山，在临安建立小朝廷，闽中离临安不远，爆发农民起义，高宗岂能置之不理呢？于是，高宗与宰相吕颐浩策划，决定在绍兴元年十一月，除参知政事孟庾和宋将韩世忠为福建、江西、荆湖南北路正副宣抚使，“统率步兵三万入闽”。

岁末，孟庾、韩世忠水陆并进，抵达福州。韩世忠曾是李纲的僚属，靖康年间，曾在李纲麾下效力，忠勇豪迈，很受李纲器重。韩世忠前往安国寺李纲寓居之所拜访，并把自己的战略计划

和部署一一告知李纲，与之商榷。

此前，李纲已复资政殿大学士，他对义军一直持同情态度，认为民众聚集为盗，肯定是失去护养、抚慰，被奸民胁迫，“实为饥寒之所迫而然也”，他反对以武力镇压，提出严禁朝廷军队骚扰地方；杜绝地方官吏鱼肉百姓；应该宽民力、轻徭役、减免赋税，让百姓复归于农桑，“则其国宁”。当听到韩世忠“疑城中人皆附贼，欲尽杀之”时，李纲连连阻止道：“建州百姓多无辜。”韩世忠受教。

福州知府程迈认为此时范汝为的军队锐气正盛，挽留韩世忠在福州过完元宵再进军建州。韩世忠笑着说：“吾以元夕凯旋见公矣！”绍兴二年（1132年）正月初四，韩世忠率师围建州。初九，收复建州，他命令所有军人驻扎城上，把令旗插在三面城头，让士、民彼此分别，种庄稼的人分发耕牛与种子使他们得以生存，把被盗贼胁迫的打发走，只有怙恶不悛的才诛杀，于是，建州百姓“多存活”。建州百姓感念韩世忠活命之恩，在韩世忠退兵的时候，请求为其“立生祠”，韩世忠说：“活尔曹者，李相公也。”李纲因建言而保全建瓯城，被建瓯人尊称为“芝城之父”。

芝城之父——李纲

正月末，韩世忠回到福州，再次拜访李纲，这一天，李纲与程迈在安抚厅设宴为孟庾、韩世忠庆功。安抚厅是宋神宗元丰四年（1081年）郡守刘瑾所建，安抚厅的东、西、北列甲仗库。为纪念韩世忠平叛胜利，程迈把陈列武器的“武备库”，易为“止戈堂”。为赞程迈之功，李纲诗咏《题止戈堂二首奉呈安抚程待制》二首：

其一

会府繁雄冠列城，恩颁符节付名卿。
貔貅战罢烽烟息，豺虎销除氛祲清。
齐阁已闻铃索静，提封更绝羽书惊。
止戈当自瓯闽始，愿挽天河洗甲兵。

其二

武备森严燕寝东，华堂高敞靓相通。
坐令戈甲韬藏地，尽在樽罍谈笑中。
案上屈盘香篆袅，庭前磊砢荔支红。
偃藩乐事今多有，更咏周诗祝屡丰。

临别之际，李纲将自己随身携带的“紧丝战袍、镂装松文剑、镀金银缠笴枪、金花团牌”赠予韩世忠，并赋诗相赠，期冀他“持此为圣主折冲御侮，讨叛敌忾，建中兴之功”。

胡骑当年犯帝阍，腐儒谬使护诸军。
尚方宝剑频膺赐，御府戎衣幸见分。
丈八蛇矛金缠笴，团栾兽盾绘成文。
山林衰病浑无用，持赠君侯立大勋。

## 潭州任上

建炎四年（1130年）正月，金军从江西分兵入湘，于正月二十四日直抵潭州城下。潭州军民在帅臣直龙图阁向子湮的率领下，固守拒敌，八天后，终被如狼似虎的金兵攻破。金兵在潭州城进行了空前的大洗劫，四处纵火，留下了惨绝人寰的“金人掠潭州六日，屠其城而去”。金兵去后，溃兵、土匪又涌入长沙，民众深受其害。

绍兴二年（1132年）二月初八，高宗起用李纲，除观文殿学士，充荆湖广南路宣抚使兼知潭州，率“密院差任仕安兵三千人”赴湖南治事，同时诏令孟庾与韩世忠下拨统制辛企宗、郝晸、岳飞、韩京、吴锡、吴全等军听候节制。

五月，李纲接到诏令，即率领将士启程。出发时，李纲将“一行军兵辎重、器甲，尽用溪船装载，往邵武军”，走水路，是为减轻将士山路崎岖、搬挈劳顿之苦。六日五更之时，战鼓铿锵、号角嘹亮，百里旌旗飘扬，李纲带领士气高昂的将士登舟起航。风平浪静的闽江，再次为李纲壮行：

力疾驱驰为主恩，敢辞炎暑道途勤。
五更鼓角催行色，百里旌旗拂晓云。
闽粤乍开新幕府，灞陵初起旧将军。
江山满目难留恋，试拥雕戈静楚氛。

一路风雨兼程，五月末，一行抵邵武，因为要改陆行，装卸随军物资、装备需要时日，李纲乘此闲暇之际，省亲祭祖。一别家乡二十多年，李纲故地重回，恍如隔世。李纲心酸地看着被兵火肆虐过的城镇、乡村在夕阳的余晖中显得荒寂、萧瑟，自己第一次回来时还是少年郎，现在已是白发翁，故乡的一山一水、一树一石，映入眼帘，很亲切，可似乎又很遥远。五月三十日，李纲撰写《祭黄大资政文》，拜祭舅祖父黄履："过家上冢怀先德，酾酒挥金学故侯。"六月二日，李纲拜祭祖茔，撰《祭高祖妣文》《祭曾祖妣祖妣文》《祭叔祖文》。声势颇大的祭拜吸引了家乡百姓前来观看，孩童们看到迎风招展的旌旗，觉得新奇有趣，他们绕着"旌旆"跑呀、跳呀，十分热闹。这一切都被李纲写入《次昭武展省祖茔焚黄因会宗族二首》诗中。

好几天忙碌，李纲了却夙愿，他折至瓯宁，再访大中寺，数十年间，屡经战火蹂躏的寺庙残破凋敝，碑刻无存。李纲心中几分悲凉，人世沧海变化，怎不让人百感交集。正当李纲唏嘘感怀之时，庆馀禅师的道友元植寻访而来，把当年李夔的《庆馀长老开堂疏》手帖示于李纲。李纲手捧父亲的手帖，热泪瞬间滚滚而下，父亲早已辞世数十年，只留下这显得暗淡、业已泛黄的纸片，李纲"读之泫然"。十天后的六月九日，李纲从邵武启程，前往潭州。

李纲在赴任途中，看到田野满目荆棘，一路人烟稀少。在李纲的印象中，潭州是个繁华的城市，屋宇华丽，车水马龙，但现在只剩残砖碎瓦在风中战栗。他下得车来，招呼父老问话，父老们未曾开口，就已涕泪横流：自从金人进犯长沙以来，这里连年巨寇，血流成河；盗贼纵横已经让百姓不堪其扰，更有官吏贪赃枉法，地方豪绅挟威倚势巧立名目，苛刻盘剥，水深火热的日子

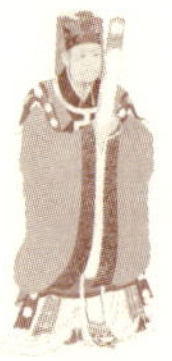

让百姓如何过得下去?

李纲听了这些哭诉，心如刀绞，他上章高宗，要求“特降敕榜晓谕”，免却冬苗租税，无偿发放粮种，鼓励“流氏”归业，垦荒务农，恢复生产。他行文各州县，严惩巨蠹大恶，一旦查清事实，赃物俱在，便“枷项巨猾付狱”，短短数月，即没收赃款三万六千缗；只要百姓告发，李纲便立案调查，“乃按治之”，很快，贪官污吏“望风引退”，潭州面貌为之一新，流亡在外的百姓，扶老携幼，纷纷返回。由于战乱破坏严重，以致“尺椽无有，市井萧然”，李纲派遣官吏，带领军民，修建仓库、府衙、堂屋、草舍、瓦屋等六千多间，黎民百姓有了暂避风雨的安栖之所。

李纲进入潭州，顽寇曹成望风而逃，步谅正占据衡阳。为了收编、招抚这支“流寇”，李纲做了周密部署，他派遣统制官韩京屯守茶陵、统领陈照驻守仁安、汤尚之与将官白德屯守衡州，李纲亲率大军进入衡山，停靠在白沙岸下。次日，李纲命令统制官任仕官、吴锡、王俊“率将佐军马，还自白沙，连夜渡江”，这一连串部署，步谅懵然不知，等到凌晨官军从天而降，“叩贼垒”，仓促间引兵抵抗，只见山谷中遍布官军，旗帜鲜明，步谅自知不敌，赶紧投降了李纲。

李纲爱民如子，他鼓励步谅为国效力：“今既归降，并令与旧军相杂团结。”李纲把老弱病残全部“放散”，选择精壮人马七千余以“五百人为一部”编入官军。

从建炎元年（1127年）起，李纲就提出过扩编水军的建议，但一直没有受到赵构的重视。为了恢复社会秩序、安定民心，李纲着手训练军队、修建战船、演习水战。

李纲制造车船，使车船由南朝祖冲之、唐李皋的科学实验发展为实用阶段，开创了中国历史上车船使用的鼎盛期。

绍兴三年（1133年），几十艘大型车船试航，潭州百姓从未见过这么大的车船，新奇而又兴奋。李纲在“清湘门”检阅他创建的舰队，“观者如堵”，只见战舰鼓蹈双轮、迅捷如飞地横江而下，船上层楼高耸、旌旗飘扬，戈甲鲜明的水军士兵斗志昂扬，前来观看的民众欢声雷动。李纲被此情此景所感染，写下五绝句以志之：

车船新制得前规，鼓蹈双轮势似飞。
创物从来因智者，世间何事不由机？

战舰初成阅水军，旌旗戈甲照湘滨。
浑人未识舟师制，叹息工夫若鬼神。

长江巨浸虽天设，控制堤防本在人。
暇日不为坚守计，临危何以扼通津？

曹瞒百万瞰江滨，谁遣孙郎防解纷？
满眼旌旆风浪里，景升方觉是鸡豚。

刘裕当年西入关，楼船浮渭取长安。
不施舻棹争先进，坐使秦人破胆看。

李纲在潭州深得民心，却遭朝廷疑忌，右司谏刘棐进谗“此

乃藩镇跋扈之渐”，如此下去，会造成当地军民“只知李纲，不知有陛下”；又以靖康（1126—1127）年间，姚平仲劫寨失利怪罪李纲；还诬陷李纲在闽“招纳贿赂”等。右谏议大夫徐俯与吏部尚书沈与求弹劾李纲，要求罢免李纲。

绍兴三年（1133年）初春，李纲又被罢免。春耕时节，李纲告别潭州回乡，潭州父老不约而同出城相送，他们拥在李纲的车前，眷恋不舍。李纲百感交集，他宽慰百姓说自己这是鱼归江海、鸟出樊笼，从此可以寄情山水、终老林泉：

恭承嘉惠半年余，千里宣风愧术疏。
岂有恩威思将士？漫劳稚耋拥轮舆。
鱼归江海身方适，鸟出樊笼意已舒。
多谢吏民相眷恋，使君此去欲悬车。

从长沙至醴陵的道中，李纲看见沿路的农田都已耕垦，道旁有百姓搭建房屋，还有不少逃难的人正急急忙忙地返回家乡。李纲欣慰极了，半年时间，自己日理万机，潭州初见成效，正如《病牛》一诗所言，只要百姓安居乐业，自己死而后已：

年来盗贼若冰销，襁负归民满四郊。
烟雨一犁初破土，江村环堵且诛茅。
疮痍不扰生新肉，燕雀无虞返旧巢。
安集勤斯徒自叹，勿令虎兕更咆哮。

四月，李纲借好风相送，一帆风顺地返回福州，他在《自水口泛舟如长乐》诗中写道：

行尽青山泛碧溪，湖平波稳画船移。
春鸿秋燕岂人力，明月清风长我随。

万事纠纷何日了，一生襟抱有谁知。

落帆已到钓台侧，恰似南柯梦觉时。

## 洪州任上



绍兴四年（1134年）五月，蕲州、舒州制置使岳飞率部北上讨伐伪齐，连克数镇，军心振奋。冬，刘豫纠合金军分道渡淮，大举来攻。

高宗知悉敌情，有点惊慌失措，但朝中主战派劝谏“御驾亲征”，在主战派官员的鼓动下，高宗下诏讨伐伪齐，派遣刘光世、韩世忠、张浚分别在建康、扬州、当涂防守。

李纲虽在赋闲，但国事为重，他上书防御三策：伪齐敌军，大举南下，境内必然空虚，他建议趁此良机，袭捣刘豫老巢，使敌军首尾不得相顾，迫使敌人回师救开封，宋军再乘胜追击，必能获得全胜。李纲还献策：派出小股军队，切断敌人后路，断绝敌人粮道，就能保全东南。

十一月初六，李纲接到圣旨，答复说：“公所陈，皆今日之急务也。”高宗褒奖李纲“忠贯神明，虑先蓍蔡”，有料敌于千里之外、制胜于三策之间的智略，还说已经把李纲的“三策”交付三省与枢密院实施。与此同时，金兵、伪齐军队在韩世忠等爱国将领的打击下，粮草接济不上，加上兵士不愿为其卖命，便匆忙北撤。

绍兴五年初，高宗起用主战派赵鼎、张浚为左右相。张浚任职后，主张并劝谏高宗北伐伪齐刘豫，恢复中原。张浚这一建议

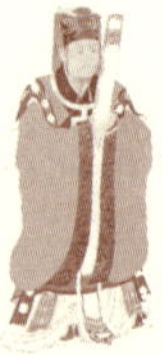

得到李纲的极力支持，他上书陈政，不要因为贼马暂时退遁而欢喜，像刘豫这样的僭逆还没诛除，仇敌还没灭；不要因为东南得以保全就觉得平安无事了，中原还没收复；不要因为捷报屡传而庆贺，军队和朝廷还没整治、恢复元气，士兵的战斗意志还没完全振奋。李纲提出要中断和金国议和，振奋精神、信任辅弼，公开选拔人才，改变社会风气，努力做到人力能做到的事，积极积蓄粮草，厉兵秣马，兴师北伐，收复故土，以雪国耻。李纲这些推心置腹之语和政治主张得到朝中主战大臣的共鸣，在张浚的推荐下，高宗授李纲为江西安抚制置大使兼知洪州。

绍兴六年（1136年）初春，李纲到洪州任上，他积极赈济饥民，招抚流亡，修建营房，催发钱粮，使人心安定。

战争的破坏，流寇的掠夺，再加上旱灾，“流移众而田莱多荒”，洪州境内，粮食颗粒无收，米价暴涨，黎庶受饥挨饿，挣扎在死亡的边缘。李纲首先“延见父老”，询问疾苦；旋即上书，“乞将灾伤路分第三等以下人户，四年积欠特与蠲免”，百姓正衣食无着，李纲请求朝廷免去他们四年积累欠下的租税，还为百姓请求朝廷赐钱十万贯，作为发展生产的资本。李纲下令出售仓库里贮存的粮食，并令囤积粮米的人家粜卖，严禁富商、地主哄抬米价，以稳定人心。李纲又召集地方官吏、商人、士绅，选择善于经营、精明能干的人，筹措钱款，外出籴粮，运回灾区粜卖。对于那些流落街头、无家可归的灾民，李纲下令州县官吏想办法给予救助，将粮食送到灾民手中，让他们得以存活。这些积极有效的措施，让洪州灾民在半年时间内稍微缓和，可怕的灾荒之年终于挺了过去。

人心安定后，百姓的温饱暂时得到保障，李纲立即发展生产，极力推行“营田”。李纲下令张贴榜文，劝勉百姓归业，由官府资助种子、耕牛、钱款等，鼓励百姓垦荒。李纲还主张让军队垦荒种地，发放耕牛、农具、谷种，这样不仅能减轻百姓负担，还能克服“诸军久习骄惰”的弊端。只要回乡垦荒，官府贷给的钱粮可在秋收以后“官为籴买”。李纲规定：来年收成，官府仅收取三分之一的粮食，第三年收取一半，剩余的粮食归垦荒者所有。自从“营田”得到推广，流民纷纷回归，荒弃的田地、荒原得到开垦，粮价也逐渐下跌，洪州各地“民庶安业，复有承平之象”。

李纲救荒之举，政绩卓著，得到朝廷的表彰，又遭到侍御史石公揆、殿中侍御史金安节、右正言李谊的妒恨，绍兴七年（1137年），李纲请求“外祠”，翌年，回到福州。

绍兴七年，宋将郦琼叛逆，“拥淮西全军，并都督行府、庐州官吏兵民”归附伪齐政权。李纲上《论淮西军变札子》，指出这是“不测之变”，人情惊骇，他列举了五条教训，谴责大将刘光世治军不当。他认为军旅的事情，机会往往只在瞬息之间，一旦措置失当，祸患自然随之而来，他劝谏高宗谋划善后之策并安抚动荡的人心。其实有韩世忠、张俊、岳飞等大将屯兵数十万，有长江天堑之险，只要措置适当，安抚好将士，“贼马”没那么容易渡过江来。果不出李纲所料，伪齐军队被宋军打得大败而走。

九月，张浚因对郦琼叛变负有责任而罢相，台谏有人继续论奏，穷追不舍，还提出以汉武帝诛王恢为例，杀张浚以谢天下。

张浚身临危局，李纲仗义执言，写了札子奏陈利害，认为决不可因一时失策而诛杀大臣："张浚措置失当，诚有罪矣，然其区区徇国之心有可矜者，愿少宽假，以责来效。"张浚和李纲都是主张抗金，但为政之初，两人不和，靖康、建炎年间，张浚数次弹劾李纲，令李纲被一贬再贬。张浚失位，李纲却是鼎力相助，上书为张浚陈情："浚有浴日之功，足以结陛下之知。"李纲的胸襟和气度使得两人渐释前嫌，友情日笃。

十一月，新继任的金主熙宗废去并监禁刘豫，主张与宋议和，要求高宗向金国称臣，贡纳岁币，做金国的属邦。金熙宗派遣宋在金国的使臣王伦南归，向宋廷诱和。金国议和，正合宋廷主和派的心愿，绍兴八年（1138年），徽宗病逝于金国，高宗起用秦桧为相，再派王伦为计议使，借至金国迎"梓宫"为由赴金，准备全面投降，称臣纳贡。

金国并无诚意议和，而是把宋廷视为"藩属"，派出"诏谕江南使"，要求高宗向金主稽首为礼，朝中一片哗然，反对议和。枢密副使王庶七次上疏，反对屈膝称臣；枢密院编修官胡铨上疏请斩秦桧、王伦等以谢天下，他的《戊午上高宗封事》义正词严，字字堪比金石，临安城里顿起波澜，民众喧腾如沸，日夜议论。胡铨得罪了高宗和秦桧，立即被贬，被流放到海南。

李纲看到朝局如此，他怀着沉痛的心情写下《论使事札子》，声援胡铨。李纲在奏疏中尖锐提出：既然是宋金通和，那就应该"以礼为先"。但金国对宋"不著国号"，而是称"江南"；不说"通问"，而云"诏谕"，把宋廷看成伪齐一样的属邦。李纲责问高宗：这是什么礼节？《论使事札子》一文言辞激切，“追而可思”，是天下士民的共同心声，张元幹闻说李纲上《论使事札子》，慨然作《贺新郎·寄李伯纪丞相》声援李纲。但高宗、秦桧决意投敌，于绍兴九年（1139年）正式拜受金国诏书，接受和议，每年纳贡银二十五万两、绢二十五万匹，高宗又赦免张邦昌、刘豫的子孙，禁止斥责金国的文字和言论。和议成功，宋廷大肆庆贺，诏命百官进呈贺表，加官晋爵，高宗再迁李纲为荆湖南路安抚大使、知潭州，李纲力辞不受。

和议既成，恢复中原无望，正如胡铨奏疏中所云：“宁能处小朝廷求活耶？”面对国家的屈辱，李纲的心死了。

桂齋
恕以成德儉可助廉

# 第六章

# 闽中漫游

李纲居闽期间，与文人雅士游。进退间，终不忘军国大事，看到恢复中原无望，他心灰意冷，怀着“中原未定”的遗憾，溘然长逝。后人敬重李纲，为他建祠修墓，永为怀念。

## 寓居寺庙

两宋之际，中原时被侵扰，百姓不得安居。福建僻处东南，相对安宁，随着宋室南迁，福建作为后方，经济、教育、文化逐渐兴盛，福州更成为一座非常繁华的城市，吸引着名公巨卿、文人学士云集此地。自绍兴元年（1131年）至绍兴十年，李纲除了两度出仕，皆在福州生活，好友邓肃、张元幹、李弥逊、吕本中等亦避祸、漫游福州，他们闲暇颇多，经常宴游雅集、结社唱和，足迹所至，皆有诗文传世，不乏为宋廷一时文化之胜景。

李纲于绍兴元年正月从泰宁来到福州，寄寓安国寺。福州安国寺初名“龙丘”，在唐武宗的会昌灭佛中圮毁，唐昭宗乾宁二年（895年）闽王王审知复之，五代后晋开运（944—947）年间遭兵寇成为废墟，宋真宗大中祥符（1008—1016）年间在旧址上重建安国寺。安国寺住持安国觉老通达闲散、聪慧睿智，李纲与他相善，结下深厚的友谊。李纲在安国寺居住半年左右，他搬离前，赋《六言颂六首赠安国觉老》，盛赞安国觉老是修行多年的得道高僧，“心似莲花疏通，身如灵龟藏蜇”。

绍兴元年六月，李纲从福州郡北的安国寺移居到郡南天宁寺。天宁寺于宋崇宁二年（1103年）由福州郡守王祖道主持修建，初名崇宁寺，政和元年（1111年）改称天宁万寿禅寺，简称天宁寺。天宁寺依山北而建，山脚下波浪翻滚的白龙江日夜奔腾，江上舸舰迷津，千帆竞发；街市繁荣，闾阎扑地。李纲在天宁寺，每每闻钟而起，在晨光中领略这江湖之远的纯净与温馨。夜晚，月儿在疏林里洒落清光，迷蒙、婉约，月光下山影幢幢、萤火点点，恍若仙境，每每登临天宁明极堂，让李纲暂时忘却心中念念所思，他寄情山水，渴望自己像庞德公一样，隐居山林，采药任逍遥，这些他都写进《留题天宁明极堂》诗中：

久客若飞蓬，年年气味同。
犹欣容榻地，更得化人宫。
郁勃炎蒸极，巍峨栋宇雄。
疏林碎摇月，虚馆迥含风。
万户轩楹外，三山指顾中。
灵潮自朝夕，大舶各西东。
怅望关河远，苍茫云海空。
余生寄闲旷，任运学庞翁。

天宁寺“栋宇宏丽”，登览可观“江山环复”，是多么心旷神怡，唯有一件事让李纲难耐，天宁寺坐南北向，虽有高檐广庑，怎奈南风不来。夏秋之交，炎蒸郁勃，让李纲仿佛是坐在甑中，“益不能堪”。绍兴二年（1132年），李纲就想着如何逃离暑热，他在方丈之东选择一块高地，把梁柱更新，砖石铺地，打通短墙与山外相连。李纲把这新房取名“松风堂”，松风堂周围有青松千株，苍翠浓郁，松风吹过，声韵萧瑟；李纲在“松风堂”前种花理竹，剪除杂草，营建假山。“松风堂”很快成为天宁寺的一处胜景，山风穿林入户，送来阵阵幽香，“化烦溽之地为清凉之境”。

绍兴三年，李纲从天宁寺迁城东报国寺。城东报国寺是王

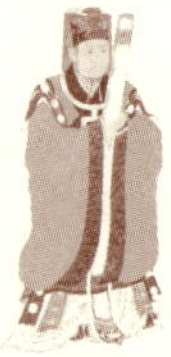

审知为纪念唐昭宗而兴建，太平兴国六年（981年），太守、右卫将军侯赟复建。李纲一到报国寺，就营建自己理想的寄身之所“桂斋”，在为“桂斋”上梁时，李纲写了《桂斋上梁文》，祈求上天赐福：

螺江入海，引朝夕之灵潮；鸡岫连云，萃川原之爽气。兹为福地，爰卜寓居。植双桂于僧园，结数椽之茅宇。虽惭肥遁，实获素心。同乐天炉峰之草堂，继惠远虎溪之莲社。迨其吉日，举此修梁。突兀东山，揖灵源之胜概；苕荛西岭，借高木之清阴。翦刬荆榛，既开三径，疏治潢潦，爰凿两池。松筠俨以成行，荷芰纷而擢秀，滋兰菊以共畹，蓺芝术而接畦。嘉橘芬芳，绿苞露重；荔支璀璨，丹实星垂。芳菲不绝于四时，泉石粗供于一壑。铜瓶夜汲，有风月之陪从。蕙帐晓开，无猿鹤之惊怨。蓬户常关，而雀罗可设。花径不扫，而朋簪自来。一觞一咏，以畅幽怀。三沐三薰，以语至道。细推物理，洞观天地之情。广览前言，备极古今之变。噪然放杖而笑，莞尔抱膝而吟。饵药扶衰，愿究无生之学。登山临水，终谐乐死之心。冒危险以全身，已凭天造。享优游而卒岁，实荷皇恩。敢效欢谣，聊陈鄙志。

儿郎伟，抛梁东，日上千峰海气红。未向扶桑倚长剑，且浮瀛渤?珠宫。

儿郎伟，抛梁西，乔木侵天夕日照。但愿长庚敛芒角，最怜新月挂娥眉。

儿郎伟，抛梁南，翠竹苍松秀色参。南极老人疑我是，笑将白发照澄潭。

儿郎伟，抛梁北，魏阙迢迢拱宸德。斗车错落转高秋，帝座荧煌明紫极。

儿郎伟，抛梁上，合璧连珠森可仰。寸诚何以格苍穹，空余缥缈青霞想。

儿郎伟，抛梁下，秋色初来正潇洒。已惭谢傅卧东山，更愧裴公开绿野。

伏愿上梁之后，年书大有，运际中兴。安枕山林之间，不愁群盗争席。渔樵之侣，谁识故侯。采薇散发，而为物外游；乐圣衔杯，而得醉中趣。放怀自适，与世相忘。自天佑之，吉无不利。

在上梁文的序中，李纲点明“桂斋”的位置“螺江入海”，在这样的“福地”，李纲为自己“爰卜寓居”。他在僧园种上两株桂树，盖几间茅宇，心里觉得很满足，可以与天炉峰的草堂、虎溪的莲社相媲美。李纲写下如此美文，意犹未尽，又有《十二咏》描写报国寺十二处的不同景致，有双莲阁、梦室、药圃、橘亭、竹亭、荔枝亭、桂亭、兰室、花坞、圭沼、磬塘、菖蒲涧，在《桂亭》一诗中，李纲咏道：

团团双桂拂茅斋，虚幌疏棂尽日开。
会待秋高风露下，清香飘泛月中来。

## 游冶题咏

李纲初到福州，寄寓安国寺，春日的福州，草长莺飞，阳光明媚，田野里飘荡着令人心醉神迷的芬芳，飞扬着悦耳的鸟叫虫鸣，这样的良辰美景岂能辜负？李纲遂邀吴民瞻、郑梦锡、李似之、陈巽达、周元仲等人一起到升山踏青，游贤沙、凤池二寺。



贤沙与凤池是福州升山上的两座寺院，升山旧名飞山、飞来峰，相传越王勾践时，自会稽飞来此峰。贤沙寺又名玄沙寺，是安国寺宗一禅师的塔院，宗一禅师即雪峰寺义存法师的弟子师备，闽王王审知赐名宗一。绍兴（1131—1162）初年，在福州任职的刘峤在贤沙寺书写“飞山”二字，贤沙寺因为历代名僧驻锡，吸引了众多文人雅士到此游览、题刻；凤池山位于升山西侧，相传有五色鸟沐浴于此，因闽王王审知与任夫人原葬于此而成游览胜地。

李纲一行言笑晏晏，沿着登山小道拾阶而上，路边的野花纵情、葱茏地开放着，林间时有鸟鸣声打破寂静。登上山顶，俯瞰尘寰，疏林薄雾中，掩映着几处茅舍、草桥、流水、老树和扁舟，如梦似幻。游览毕，李纲一行回到安国寺小憩，品茗赋诗，李纲写下《三月二十五日邀吴民瞻郑梦锡李似之陈巽达周元仲游贤沙凤池二首》：

贤沙

招提环拥碧崔嵬，携客登临始此回。
寺比道林多掩抱，峰如灵隐解飞来。
烟霞深处钟磬响，杉桂香中殿阁开。
莫道钓鱼人已寂，至今说法尚如雷。

凤池

凤去空余旧浴池，竹梧交荫翠参差。
云随屐齿生松磴，泉合琴心泻石陂。
幽讨平生如此少，清闲今日许谁知？
道人为筑紬书室，杖履来游更卜期。

李纲诗罢，一行人皆有唱和，文人的风雅与闲趣，尽在当日。这年秋天，李纲游兴未尽，又招呼了王丰甫、许子大、康平仲故地重游，又有诗两首，大家亦有唱和。

福州鼓山风景优美，是宋士子文人踏青、游览、吟诗、作赋、留题的好去处，李纲当然心驰神往，更何况鼓山上有被誉为“闽刹之冠”的涌泉寺。绍兴元年（1131年）五月初二，初夏来临，李纲约上王仲嶷、吴民瞻、陈巽达等人，径往鼓山而去。从山脚下望去，古道蜿蜒而上，淹没在遮天蔽日的绿色中；登临古道，听得水声潺潺，满眼树影重叠。

李纲题刻

福州的初夏，已是微热，一行人走至半山，汗水涔涔，累得不行，遂于山亭歇息。谈笑之际，但见山民健步如飞，不由得敬佩山民

步履矫健，于是相约一鼓作气，到涌泉寺再歇脚。

一行人过山门，来到古寺前，只见古寺依山偎谷，槛廊连缀，大雄宝殿巨柱耸立，飞檐凌空，雄伟辉煌，大家入寺品茗更衣，稍作休整。

出了涌泉寺，继续寻幽探胜，回龙阁至灵源洞一带，林壑优美，拾级穿过密林幽径便是灵源洞。看过灵源题刻，李纲一遂心愿，他提笔写下：

> 昭武李纲伯纪邀华阳王仲嶷丰甫、建溪吴岩夫民瞻、临川陈安节巽达、淮海周灵运元仲游鼓山灵源洞。丰甫之子升叔明，伯纪之弟经叔易、纶季言，甥张津子知同来。
>
> 绍兴元年五月二日

绍兴八年（1138年），李纲再度游鼓山，诗成二首，从诗题可以发现，这次游鼓山，故友士珪已经驻锡鼓山涌泉寺，张元幹、吕本中等皆有酬唱。

这年秋天，李纲与王丰甫夜宴西湖，留下《王丰甫待制会宴湖亭》：

> 画栋翚飞瞰曲塘，主人情重启华觞。
> 月摇波影鳞鳞碧，风入荷花苒苒香。
> 散策幸陪终日适，开襟还喜十分凉。
> 天涯随分同清赏，何必南园作醉乡。

感谢主人的深情厚谊，置办了丰富的筵席，在皎洁的月光下，在水波潋滟的西湖边喝酒赏花。良辰美景之下，却分明透露着李纲内心的些许抑郁与感伤。

宴罢，两人寻访西禅寺而去。西禅寺始建于梁，隋末焚毁，唐咸通八年（867年）重建为清禅寺，又名延寿寺，五代闽王王延钧更名为长庆寺。宋天圣（1023—1032）年间再经营、修葺，焕然一新，景祐五年（1038年）敕号怡山长庆。李纲与王丰甫游西禅寺留下《次韵王丰甫同游西禅斗车堂》一诗：

杰阁雄楼杳霭间，佳辰良夜共跻攀。
斗回高柄临华栋，月涌清光出远山。
急景行将悲畹晚，此身难得到宽闲。
世间百虑何时了，且对金樽一解颜。

从诗句可看出，李纲与王丰甫赴西禅寺，在“斗车堂”观月。斗车堂原名明远亭，宋嘉祐八年（1063年），元绛诗有“野色远涵天盖转，山围高捧斗车来”之句；宣和七年（1125年），陆藻遂将“明远亭”更名为“斗车堂”。西禅寺的宏伟建筑隐没在夜色烟霭中，这样美好的夜晚，只可惜我已经老了。世间有那么多忧虑、烦恼的事情，难道是一杯美酒就能消解的吗？李纲的心结，内心的无奈和愤

道山亭

漶，尽在诗中。

福州乌山又名乌石山，宋熙宁（1068—1077）初，郡守程师孟在半山腰建道山亭，曾巩为之撰《道山亭记》。乌山上怪石嶙峋，古木参天，自古为游览胜地。

乌山题刻

绍兴二年（1132年）正月，高宗派遣孟庾、韩世忠建州平叛。孟庾到福州后，即视察城守，他邀约李纲、许份、程迈、邓肃十一人相聚乌山长乐台瑞云庵，激励众人同心协力，破敌建功。

聚后，乌山霹雳岩下新添题刻：

参知政事孟庾宣抚闽部，按视城守回，邀嗣濮王仲湜，资政殿大学士李纲，龙图阁直学士许份，显谟阁待制王仲嶷，监察御史福建抚搞谕胡世将，集英殿修撰知福州事程迈，前右正言邓肃，参议官尚书屯田员外郎李易，机宜朝散郎胡纺，干办公事直秘阁马咸，承议郎郑士彦，会于乌石山之长乐台瑞云庵。

绍兴壬子正月二十一日

李纲于绍兴三年（1133年）迁城东报国寺。寺中盛产“十八娘”荔枝，蔡襄《荔枝谱》记载：“十八娘，色深红而细长。”

李纲搬到报国寺正是荔枝花开、荷叶田田的时节，烂漫春日，灿若朝霞的荔枝花幽香阵阵，让李纲仿佛置身“天香云外飘”的仙境之中。他对荔枝的喜爱由来已久，初到报国寺，他说“荔子未丹先有香”；东南夏季，台风频繁，李纲心忧丹荔，“只怕山园损荔枝”；仲夏时节，李纲亲自拎着竹篮，来到树下采撷，“轻红旋摘自提携”；他食用荔枝，喜爱、喜悦之情跃然纸上，“平昔传闻十八娘，丰肌秀骨有余香”“堆盘盛喜珠玑满，绕齿乍惊冰雪香”。

李纲罢湖南安抚使回闽的时候，故友吴敏、许翰都已过世，士珪从江西一路追随而来，于绍兴三年（1133年）五月入闽，一路寻访到城东报国寺。经年未见的故人重逢，品读许翰遗作，怆然泪下。

这一年，士珪驻锡闽侯雪峰寺，他收到李纲的盛情邀约：

其一

荔子新来已著花，千林行见烂朝霞。

幽人莫恋雪峰境，拄杖穿云过我家。

其二

荔子丹兮满翠岚，能将法味发芳甘。

舌根幸有圆通在，何惜南来与遍参。

李纲说，不要一味流连于雪峰寺的胜境，不妨拄着拐杖到我报国寺走走，一起欣赏绿树红花、吟诗作赋。荔枝成熟，漫山遍野，如同红云，赶紧来报国寺一起品尝佳果，一起参禅悟道。这一时间，李纲因荔枝结缘，邀请众多友人过往食荔枝，吟咏酬唱，不亦乐乎。

## 忧愤而终



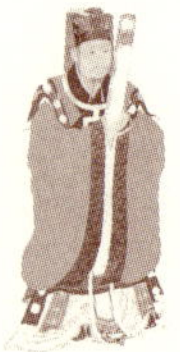

绍兴十年（1140年）正月，李纲叔弟经不幸离世。李经博学多识，李纲对他期待甚大，“期之者甚远”，不想却英年早逝，他悼恨不能自已。上元节这天，举行家祭，李纲抚案痛哭，多年积压的忧闷、感伤与激愤借着亲人去世的悲痛一股脑儿倾泻出来。年近花甲的李纲身体虚弱，当日就去世了，一代名臣，在猝不及防中，走完了雄壮而又苍凉的一生。

李纲去世，高宗震动，他下诏追赠李纲少师，“官其亲族十人”，谥忠定；绍兴十三年（1143年），赠太保又赠太傅，位列三公，备极哀荣。高宗委派李纲之弟李维自浙东提点刑狱移闽都，为李纲操办丧事。十二月十四日，李纲葬于福州怀安县同口

李纲墓

大家山之原。

李纲去世时，张浚刚好在福州任上，他撰文三篇、作挽诗两首对李纲做出高度评价：

凡三朝之历事，惟一德之自持。虽屡逸于祠宫，实乃心于王室。每当艰难之际，力陈忠谠之言。慨功名未副于所期，而泉壤遽成于永诀。

张浚在《李伯纪丞相挽诗二首》中写道：

其一

苍苍安可料，旧德奄重泉。
痛为黎民惜，谁扶大厦颠。
英风摩日月，正气返山川。
丙午功勋在，丰碑万口传。

其二

十相从明主，唯公望最隆。
召周虽异迹，李郭本心同。
未遇升天药，空余济世功。
熏风歌吹咽，泪尽古城东。

张元幹与李纲惺惺相惜，志同道合，李纲去世，张元幹作《挽少师相国李公五首》，深情缅怀二人相识相知的点点滴滴，感人至深。

望表公师位，身兼将相权。
三朝更出入，一德奉周旋。
盍为苍生起，曾扶大厦颠。

何知老宾客，拥彗扫新阡。

往在东都日，伤心丙午年。
不从三镇割，安得两宫迁。
抗议行营上，排奸御榻前。
英风成昨梦，遗恨落穷边。

城守麾强弩，诸班果翕然。
云梯攻正急，雨箭勇争先。
中夜飞雷砲，平明破火船。
如公真徇国，绘像冠凌烟。

壮志深忧国，丹心笃爱君。
谤书兴众枉，谏疏在奇勋。
风咽梁溪水，山悲湛岘云。
空余双舞鹤，鼓吹不堪闻。

泪尽西州路，碑留岘首名。
买山缘荔子，为圃养黄精。
所至登临地，犹疑步履声。
堂堂真汉相，天忍闭佳城。

是年四月十五日，张元幹又作文《追荐李丞相设斋疏》，祭奠挚友。

李纲热爱自然，通晓军政，有智略，在国难当头时，他以一文臣之身，奋起登城，指挥杀敌，是宋知识分子“威武不能屈”的楷模；他的抗金战略思想“规模”说，为宋提供了恢复失土的蓝图和路径；他主张“宽厚简易”之政，践行儒家哲学的精髓——民本思想；他招抚“盗贼”，收编义军，为抗金将领提供了化负面因素为积极力量的有效范式。

太学生陈东评价李纲：“在廷之臣，奋勇不顾、以身任天下之重者，李纲是也，所谓社稷之臣也。”陈公辅评：“材大古难用，功多忌更多。忠怀冲日月，谗口肆风波。”

《宋史》对李纲的评价极为中肯：

以李纲之贤，使得毕力殚虑于靖康、建炎间，莫或挠之，二帝何至于北行？而宋岂至为南渡之偏安哉？夫用君子则安，用小人则危，不易之理也！人情莫不喜安而恶危。纲居相位仅七十日，其谋数不见用。独于黄潜善、汪伯彦、秦桧之言，信而任之，恒若不及。何高宗之见，与人殊哉？纲虽屡斥，忠诚不少贬，不以用舍为语默，若赤子之慕其母，怒呵犹嗷嗷焉挽其裳裾而从之。呜呼！中兴功业之不振，君子固归之天；若纲之心，其可谓非诸葛孔明之用心欤？

李纲有子男八人、女七人，孙男九人、孙女六人，夭亡的孩子除外，子孙皆有官职，一门俊杰。李纲生前著述甚丰，有《易传》内篇十卷、外篇十二卷，《论语详说》十卷，文章、诗歌、奏议百余卷，又有《靖康传信录》《奉迎录》《建炎时政记》《建炎进退志》《建炎制诏表札集》《宣抚荆广记》《制置江右录》等，卷帙浩繁，后人收编为《梁溪集》计一百八十卷之多，《四库提要》论曰：“纲人品、经济炳然史册，固不待言。即

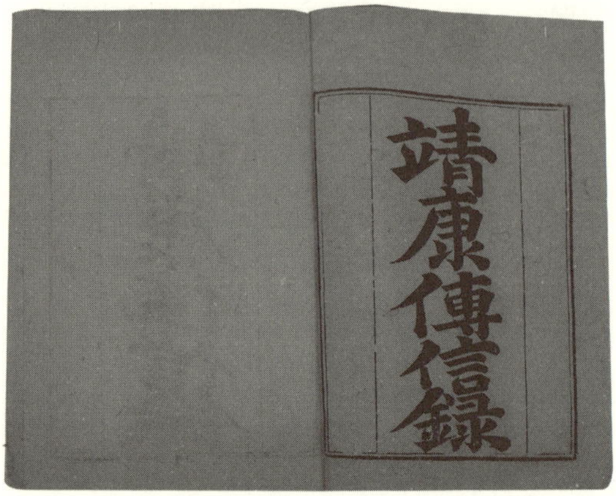

《靖康传信录》

以其诗文而言，亦雄深雅健，磊落光明，非寻常之士所及。”《八闽诗话》曰：“梁溪李忠定公纲，忠义勋业照耀千古。人但知传其奏疏耳，至其所为诗，气格雄浑，才情宛至。”对李纲诗词进行深入研究的王铁藩说：“李纲是宋代杰出的政治家，也是一位爱国诗人，他的诗，是他自己一生的忠实记录，也是两宋时代一幅真实的历史剖面图景。”

李纲早期诗作清新隽永，意境缥缈；晚年退居，故旧离去，人生的无常，现实的不堪，消磨了李纲的锐气和热情，风格转为清幽疏淡。他的词放纵恣意，挥洒自如，他特殊的政治身份及其强烈爱国情感和豪放词创作，在思想与艺术风格上都对南渡时期的爱国词派产生了深刻影响。他在闽丰富的交游活动和文学创作活动成为福建历史文化的一个组成部分，光明璀璨。

“节义泰山重，富贵鸿毛轻。吾心与明月，照见万古情。”这是李纲的原则，他文韬武略，一生心怀天下。福州是李纲生命的最后一站，他逝世后，福州人民为他修墓建祠，永远怀念他。

李纲墓在闽侯县荆溪镇大家山南麓，坐南朝北，掩映在绿水青山之间。墓分为墓道、墓庭、墓坟三部分，墓前石阶十三级，祭坛旁有碑，高一丈，宽三尺，碑刻记载李纲生平事迹，光绪三十二年（1906年）立；墓道在前左，离墓园百余步，曲径而入，旁列石翁仲文武各一个，还有石虎、石马、石羊、望柱、旗

李纲墓园牌坊

杆石各两个，颇为壮观。墓道前有石牌坊，上饰泻水檐，正中额“奉旨重建”，背书“恩荣”，额下横幅“古社稷臣”四字，旁题刻“大清乾隆丁卯建，嘉庆庚午重修”，是福建巡抚张师诚重修陵墓时所立。坟正面嵌着一块青石碣，题“故忠定公后宋开国丞相李公墓”，另一块石碑上书“宋丞相李忠定公之墓”。墓后围有砖砌的护坡，墓埕三层，阶座井然，外向宽广。

李纲坟茔只有福州一处，而且保存完好，但他的祠堂很多，散布海南、广东、安徽、江苏、浙江、福建等地。

海南琼岛的“五公祠”，于清光绪十五年（1889年）雷琼道台朱采督建，位于繁华大道旁。走进院落，是一片古木森森的沉静，赭红院墙、黑色屋瓦、石阶绿苔。庭院里，“五公”的石雕像分散矗立在树荫下，其中的四位都是文官打扮，气度

海南五公祠

超然，唯有李纲像，头戴战盔，腰悬长剑，怒目远视，一副凛然不可犯之气概！朱采撰联于门厅：“只知有国，不知有身，任凭千般折磨，益坚其志；先其所忧，后其所乐，但愿群才奋起，莫负斯楼。”

李纲去世后四十六年，宋淳熙十三年（1186年），邵武军教授、永嘉人徐元德倡建，朱熹为祠堂撰写了《邵武军学丞相陇西李公祠记》，后毁于兵燹。几经改迁，清康熙二十二年（1683年）复建，历朝屡有修缮。祠堂内有一方匾额，上书“李忠定公祠”。天井左右两侧有两株宋植古桧柏，枝柯苍劲繁茂。大殿门额上悬挂朱熹题匾“一世伟人”，两侧为朱熹所撰楹联：“至策大猷，垂法戒于万世；孤忠伟节，奠宗社于三朝。”正堂李纲坐像，正气昂然，上方悬挂两块金字方匾，一块是徽宗的御前宣谕：“公辅助皇帝，守御都城，再安宗社，调和两宫，懋著大

邵武李纲纪念馆

功，当书青史，名垂万世。”另一块是高宗所书：“公学穷天人，忠贯金石，方今生民之命，急于倒悬，谅非不世之才，何以协济事功。”坐像两侧是民族英雄林则徐撰写的对联：“进退一身关社稷，英灵千古镇湖山。”

浙江武义的李纲祠，为现存规模最大的李纲祠，是南宋“文坛奇才”巩丰楷及其师友朱熹、吕祖谦、陈亮等所倡建，于景炎元年（1276年）建成。江苏无锡李纲祠，宋时建于李纲少年时的读书地胶山北麓，清康熙五年（1666年）改建于惠山日月池畔，乾隆二年（1737年）奉敕修缮。福建建瓯李纲祠，乃建州百姓感李纲活命之恩，于建炎四年（1130年）春建，建瓯人尊李纲为“芝城之父”，立祠以祀。

福州李纲祠原有两处，在同口大家山李纲墓旁，后废圮；越王山上亦有。程含章，号月川，景东人，清乾隆五十七年（1792

年）举人，曾任福建、河南布政使。他敬重李纲为人，称其为“若宋丞相李忠定公，非大忠大知、不可磨灭之人欤？”程含章询得李纲祠在越王山麓，便恭往拜谒，他到李纲祠前，只见小屋三间，门墙倾颓，一片破败萧条，在朦胧中，李纲的塑像被熏得焦黑，面目不识，程含章“心窃伤之”。想到李纲祠位于山坳中，“风雨冲射”，有倒塌的危险，程含章决定“亟图修治”，他找到正在福州丁忧的林则徐，商议重葺李纲祠事宜。程含章和林则徐经过寻找、察看，觉得西湖荷亭的旧址端正宽平，又有湖山优秀杰出的风骨，四面环拥，很有兴旺的景象，就决定在这里修建李纲祠。道光九年（1829年）十月十八日兴工修祠，新建的李纲正祠，前后六间，旁边三间为桂斋。后砌石桥，石桥上有亭，四周有墙保护，假山荷池，栽花种竹，郁然幽雅，这应该就是李纲喜欢的居所吧？

无锡李公祠

笔者前几年曾寻访西湖李纲祠，感怀李纲一生所为，写下“菡萏娉婷，金桂绕前庭，伴俊彦忠魂皎皎；湖波潋滟，翠堤环后院，怀英雄傲骨铮铮”一联，告慰先贤。

李纲家居无锡，长在梁溪，却长眠三山。他是民族的骄傲，

西湖桂斋

士人的楷模，他矗立在永恒的历史中，光芒四射。笔者谨以《浪淘沙》一阕作结，表达对李纲的无限敬仰：

浪淘沙·李纲

正万里烽烟，马踏关山，平沙惊雁满哀弦，壮志当年思伏虎，饮恨黄泉。　看风戏晴岚，花送芳鲜，春临溪岸水潺潺，回首迢遥迁谪路，换了人间。

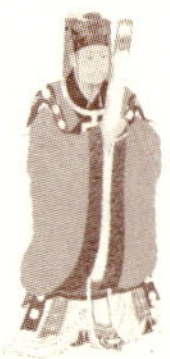

# 后　记

福建，山海相拥，人杰地灵，人文荟萃，英才辈出，产生了许多伟大的思想家、文学家、教育家、科学家和民族英雄、爱国先驱、革命将士、时代楷模。他们的教育成长、道德品行和思想文章，是福建的宝贵精神财富，教育和激励着一代代福建人努力学习、奋勇前行。福建省社会科学界联合会组织编写的“福建历史文化名人丛书”，以福建历史名人为题材，古今结合，意在从高处着眼、从基础着手，普及人文社会科学知识，促进人文道德养成，使社会科学知识走进大众、走进生活、走进现实，让更多的人了解福建历史名人，弘扬优秀传统文化，增强福建文化影响力和感染力，为建设文化强省添砖加瓦。

“福建历史文化名人丛书”（第四辑）所包含的陈元光、林慎思、吴夲、胡安国、李纲、真德秀、黄乃裳、陈季同、萨镇冰、林森10个人物故事，记录了福建文化之于中国历史的影响，同时也以人物史的叙述方式生动地展现出中国人文精神的风骨和传统文化的传承。人物篇以人物生平为线索，在故事中体现传主的学问、事功、道德，凸显他们在中华文明进程中的重要作用，深入挖掘和阐发其内在精神，从而激起读者爱国爱乡的强烈情感，使之成为涵养社会主义核心价值观的重要源泉。

这套丛书以广大群众为读者对象，尤其是各年龄段的学生群体以及受过中等教育的读者，他们对这些历史名人的认知，大多来源于历史课本、乡土教材、文化景点和博物馆，很难形成具体、深入、系统的认识。丛书深入浅出，雅俗共赏，通过一个个生动精彩的故事带领读者走进福建历史，走入人文社会科学的知识殿堂，融故事性、知识性、趣味性、可读性于一体，对提升大众的阅读水平、普及社会科学知识、提高人文社会科学文化素养和思想道德素质有着积极的作用。

专家刘小新老师对丛书写作大纲和书稿进行了认真审读，并提出了许多很好的意见和建议，在此表示感谢！

若有不足之处，敬请广大读者批评指正。

编委会

2019年8月